O perdão: misericórdia e cura

CB023412

Coleção Espírito e vida

- *A oração: respiração vital* – Daniel-Ange
- *Eu sou o caminho, a verdade e a vida: uma espiritualidade para nosso tempo* – Rosana Pulga
- *O Espírito Santo nas Sagradas Escrituras* – Luis Heriberto Rivas
- *O sofrimento que cura: por meio de nossas próprias feridas podemos nos tornar fonte de vida para o outro* – Henri J. M. Nouwen
- *O perdão: misericórdia e cura* – Daniel-Ange
- *Vá em paz: a cura na Bíblia* – Ruthann Williams

Daniel-Ange

O perdão: misericórdia e cura

Paulinas

Dados Internacionais de Catalogação na Publicação (CIP)
(Câmara Brasileira do Livro, SP, Brasil)

Daniel Ange
O perdão : misericórdia e cura / Daniel-Ange
[tradução Jaime A. Clasen]. — São Paulo : Paulinas, 2007.
— (Coleção espírito e vida)

Título original: Le pardon : divine chirurgie
Bibliografia
ISBN 978-85-356-2016-0
ISBN 2-84024-209-5 (ed. original)

1. Cura – Aspectos religiosos – Cristianismo 2. Cura espiritual
3. Misericórdia 4. Perdão – Aspectos religiosos – Cristianismo
5. Vida cristã I. Título. II. Série.

07-3766 CDD-234.5

Índice para catálogo sistemático:
1. Perdão : Misericórdia e cura : Salvação : Cristianismo 234.5

Título original da obra: *LE PARDON — DIVINE CHIRURGIE*
© 2004 Editions des Béatitudes, S.O.C.

Direção-geral: *Flávia Reginatto*
Editora responsável: *Vera Ivanise Bombonatto*
Tradução: *Jaime A. Clasen*
Coordenação de revisão: *Marina Mendonça*
Revisão: *Leonilda Menossi* e *Ruth Mitzuie Kluska*
Direção de arte: *Irma Cipriani*
Gerente de produção: *Felício Calegaro Neto*
Capa: *Manuel Rebelato Miramontes*
Editoração eletrônica: *Fama Editora*

Nenhuma parte desta obra poderá ser reproduzida ou transmitida por qualquer forma e/ou quaisquer meios (eletrônico ou mecânico, incluindo fotocópia e gravação) ou arquivada em qualquer sistema ou banco de dados sem permissão escrita da Editora. Direitos reservados.

Paulinas
Rua Pedro de Toledo, 164
04039-000 – São Paulo – SP (Brasil)
Tel.: (11) 2125-3549 – Fax: (11) 2125-3548
http://www.paulinas.org.br – editora@paulinas.com.br
Telemarketing e SAC: 0800-7010081

© Pia Sociedade Filhas de São Paulo – São Paulo, 2007

Na Sexta-feira Santa, Rolando me pergunta à queima-roupa: "O que teria acontecido se Jesus não tivesse dito: 'Pai, perdoai-lhes'?". Estupefato, eu lhe devolvo a pergunta. Após um momento de silêncio, seus olhos fixos nos meus: "Bem, eu não existiria!". No Sábado Santo, após minha explicação do ícone da Ressurreição: "Eu também gostaria de descer aos infernos...". Pergunto-lhe: "Para que fazer isso?". Resposta pronta: "Para libertar as pessoas!".

Uma semana mais tarde, estando eu a pregar num fim de semana sobre... o perdão, um telefonema me informa que ele acabava de ser assassinado por seu sogro, após tê-lo visto matar sua mãe e uma de suas irmãs (a outra conseguiu fugir e testemunhou). Tive a certeza: no fundo desse inferno, ele orou: "Pai, perdoa-lhe, ele não sabe o que faz!".

Limiar

Eis uma realidade em que Deus se deixa tocar e pode tocar-nos, um lugar onde encontrar Jesus em pessoa, onde se deixar reunir a ele: o sacramento da *Reconciliação*.

Veremos este mistério em suas duas grandes dimensões:

O perdão recebido de Deus (Parte II).

O perdão dado aos outros (Parte III).

As duas dimensões são inseparáveis, assim como a dimensão vertical e a horizontal da cruz. Elas entrecruzam-se sem cessar.

Mas, antes de tudo, começaremos mergulhando nos próprios mistérios da *Misericórdia*, fora da qual o perdão não tem sentido, *compaixão* divina da qual o perdão é um dos raios mais luminosos (Parte I).

Sumário

I

A dimensão total: a misericórdia, fonte de divinização

É ele quem perdoa toda a tua culpa
e cura todas as tuas enfermidades.
Ele resgata tua vida da cova
e te coroa de amor e ternura.
O Senhor é ternura e compaixão,
lento para a cólera e cheio de amor;
não está sempre acusando
nem nos devolve segundo nossas culpas.
Como se elevam os céus sobre a terra,
é forte seu amor por aqueles que o temem.
Como o oriente está longe do ocidente,
ele afasta de nós as nossas transgressões.
Como um pai ama os filhos com ternura,
assim o Senhor se enternece por aqueles que o temem.
(Sl 103)

A mais trágica das noites, o mais desastroso dos terremotos

Como de costume, à brisa da tarde, eles desceram ao seu jardim. O jardim está deserto! Ninguém mais! Eles se põem a gritar a uma só voz: onde estás tu, meu Adão? E tu, nossa filha Eva, onde tu te escondes? Por que, mas por que vocês partiram? Por que tanto medo do Amor, medo de nossa intimidade, medo de vos deixar simplesmente amar? Por que me abandonaste? Por que me rejeitaste?

Essa noite foi a catástrofe humanitária prototípica. Com estrondos cósmicos incalculáveis, com repercussões históricas sem fim. O começo da espiral indefinida de todas as violências, todas as injustiças, todas as guerras, internacionais e intestinas, todos os conflitos, todos os horrores, todos os cataclismos, todas as catástrofes, todas as formas de infelicidade, todas as mortes: da morte.

É o terremoto original que racha toda a humanidade, fende cada coração humano. Que atravessou de lado a lado e ameaçou de todas as partes a filha única loucamente amada de Deus, sua obra-prima entre toda a sua criação. Eis sua beleza original *manchada*, sua luz matinal *velada*, sua pureza toda *violada*.

A harmonia perfeita: *cacofonia*. A tríplice comunhão (humanidade-Deus; humanidade-cosmos; homem-mulher) *rompida*. A confiança mútua: *quebrada*. Vírus-tronco do qual todos os micróbios possíveis e imagináveis serão apenas as variantes quase infinitas. O vírus mais contagioso possível.[1] Transmitido de geração em geração por esperma e sangue. O vírus mais mortal que existe, que mata como nenhum outro. Capaz de matar o homem, por não conseguir matar Deus.

Esse vírus foi detectado. Seu nome? Pecado. Foi decodificado. Arrastando e provocando todos os pecados do mundo e da história, encadeando todos os males. A ferida que engendra todos os sofrimentos.

Mas o que esses intrusos nunca vistos fabricam? Fabricam pecado, mal, morte. Essa espécie de trinca de conivência repugnante? De onde vêm, pois, esses violadores, esses assassinos, esses tiranos?

---

[1] "É um pecado transmitido por propagação à humanidade inteira pela *transmissão de uma natureza humana privada* da santidade e da justiça originais. É um pecado 'contraído' e não 'cometido', um estado e não um ato" (*Catecismo da Igreja Católica* – CIC – 404).

A criação estava isenta de todo mal, pura de todas as trevas, virgem de todo sofrimento. E ei-la traumatizada, ferida de morte. Irremediavelmente? Definitivamente? Eternamente? Como, então, terminará este drama? Xeque-mate?

Essa é a ferida mortal em pleno coração da própria Filha do Amor, da Filha da Luz, do Recém-nascido de Deus! A prova? Desde então, nenhuma época, nenhum país, nenhum estrato da humanidade, nenhuma geração, nenhum povo, nenhuma pessoa humana – nem uma sequer – não está marcada a ferro em brasa pelo mal, pelo pecado, pelo sofrimento. Doravante este fato faz parte integrante da existência humana, da história da criação, como de cada vida humana enquanto tal. Sempre e em toda parte. Nada escapa disso. Ninguém está isento disso. Ninguém pode evitá-lo. Todos passam por isso. Todos sofrem o golpe. Exceto... uma pessoa! Suspense!

E isto hoje em dia como nunca. Tu duvidas? Liga a TV nos telejornais da noite.

O mais mortal dos assassinos

Como explicar que o mal, o pecado – esse mal por excelência –, o sofrimento e a morte possam sair das mãos e do coração daquele que é só Amor, que eternamente não sabe fazer outra coisa senão amar? Como uma pessoa com a melhor saúde imaginável pode transmitir um só vírus mortal?

Como a Vida poderia gerar a morte? O Amor, o ódio? A Humildade, o orgulho? A *Luz*, as trevas? A Beleza, o horror? A Santidade, o pecado?

Não é possível. Deve ter acontecido alguma coisa em algum lugar.

Como um homem e uma mulher poderiam engendrar uma víbora? Salvo... o caso de manipulação genética, mas mesmo assim...

Teria havido manipulação da obra original? Parece que sim! Mas não pode ter sido Adão, nem Eva, de quem ele é o servidor.[2] Tendo saído diretamente do Coração do Amor, eles participam da própria inocência de Deus.

Portanto, alguém interveio para perverter, para interferir, para falsificar. Um inimigo deve ter saltado da mata. Uma serpente deve ter inoculado o seu veneno. Alguém que não podia suportar o amor, tolerar a luz, aceitar a humildade, acolher a beleza.

"O mal não é apenas uma deficiência, ele é feito por um ser vivo, espiritual, pervertido e perver-

---

[2] "A mulher é o cume e a obra-prima da criação" (Pio XII).

sor. Terrível, misterioso" (Paulo VI). Negas ainda a existência terrífica e a presença ativa de Satã? Vai a Dachau e Auschwitz, Sighet e Kolyma,[3] nos ossuários de Ruanda, de Srebrenica,[4] de Pnom-Pehn ou do Sudão. Vai dizer aos que escaparam: "o inferno não existe!".

Ainda duvidas? É porque perdeste o simples bom senso ao ponto de negar as evidências mais flagrantes.

A mais profunda de todas as feridas

Mas nessa mesma noite, patética entre todas, eis um segundo terremoto quase simultâneo: a fissura acarreta uma segunda, na segunda que segue. Deus teve uma crise cardíaca (felizmente não mortal para ele!) como uma mãe diante de seu filho que se suicida debaixo de seus olhos, como um pai diante de sua filha que morre de câncer! Como um artista diante de sua obra-prima que é saqueada.

Não é somente a criação inteira que está traumatizada. É o próprio coração de Deus que está traspassado de lado a lado. Não é só Adão e sua Eva que estão feridos de morte. São três outras Pessoas: o Espírito, o

---

[3] Prisão sinistra na Romênia comunista e gulag na Sibéria estalinista.

[4] Alusão ao genocídio dos Bálcãs.

Filho e o Pai. Ou, mais precisamente, só um dos Três está ferido mortalmente; de fato, essa ferida o levará até a morte. Até a morte física. Mas não antecipemos.

Nessa noite eles gritaram: por que não morri eu no teu lugar, Adão, meu filho, Eva, minha filha? Preferia que tivesse sido eu. Sim, um dia será Deus que tomará o lugar de Adão e Eva, o nosso, para todos. Dois golpes com uma pedra; pois a alma de seus bem-amados está traspassada, o coração de Deus será traspassado; um dia, uma lança rasgará o seu lado.[5]

Mas desse lado dilacerado jorrarão torrentes de água viva, capazes de curar o mundo. Desse Lado dilacerado, como se abre o seio materno, sairá uma Mulher, a nova Eva.[6]

Mas não antecipemos.

Uma menina nasceu nessa noite

Nessa noite – trágica entre todas – nasceu uma menina. Nasceu toda nua, do seio maternal de Deus,

---

[5] Alusão a Davi soluçando sobre seu filho Absalão, que se revoltou contra ele, morto pendurado numa árvore, com o coração traspassado (cf. 2Sm 19).

[6] Alusão à Igreja, Esposa de Cristo, nascida de seu Coração aberto na cruz. Ver *Église, ô ma joie!*, Béatitudes, 2003, p. 57ss.

dilacerado, mas para dar à luz. Uma criança de suas entranhas. Uma menina que nunca existira. E que começa sua longa existência.

Seu nome? É preciso subir ao cume de uma montanha para ouvir Deus pronunciar o nome de sua filhinha querida entre todas (ver Ex 33–35). Ele se apresenta a Moisés. Não diz: "*Eu sou aquele que sou*". Já está feito. Ele não diz: "Eu sou teu Pai". É cedo demais. Ele deixou um nome bizarro, insólito, estranho, nunca ouvido até então: "*MISERICÓRDIA*" (Ex 33; 34).

Uma palavra tão extraordinária que vai refratar-se numa constelação de outras palavras – galáxia nova no céu da realidade.

Ninguém pode ver Deus sem morrer. Então Deus vai morrer para que todos possam vê-lo.

Moisés apenas pode ver, pressentir, por enquanto, essa bondade divina "pelas costas". Em cima de outra montanha – o Tabor – ele a verá olho no olho. Ela terá uma... figura de homem (Lc 9,28).

Mas não antecipemos.

Misericórdia não é eterna

Ela não existe desde toda a eternidade. Nasceu naquela noite. O Amor que, sendo eterno, se mudou em misericórdia. A Misericórdia é essa força do amor que é transformada pela miséria, pelo sofrimento, pelo mal que rói aqueles que se amam mais do que tudo no mundo.

Ela nasce de um coração partido. E, até então, o Coração de Deus não estava partido.

Mas, na outra ponta da corrente, ela tampouco é eterna. Não durará para sempre. Na última noite do mundo, ou então na primeira manhã do mundo novo, ela cessará *ipso facto* de existir. Quando Jesus vier em sua glória, ela eclipsar-se-á diante dos raios da sua face gloriosa. Desde sua vitória definitiva sobre todo o mal e, portanto, todo sofrimento, ela poderá dizer: "Pai, terminei o teu trabalho! Realizei a missão que me confiaste. Tudo está consumado, desde agora e para sempre!".

Portanto, a Misericórdia é provisória, por um tempo. Quando não houver mais miséria, a misericórdia morrerá, mas de felicidade. Terá um ataque cardíaco, mas de alegria. Ufa, consegui! Se, no entanto, se puder cantar "na eternidade, cantarei as tuas misericórdias", será eterna ação de graças para as misericórdias da terra.

Em suma, certa noite, atrozmente dolorosa, o Amor *se fez* Misericórdia. Em certa manhã, gloriosamente luminosa, Misericórdia se tornará o Amor em estado puro para toda a eternidade.

Onde o Amor se revolta

O inimigo não suporta o amor, nem a luz, nem a verdade. A misericórdia é o Amor que não pode suportar o mal, tolerar o pecado, sofrer o sofrimento, aceitar a morte. O amor é incapaz de aceitar o pecado, o mal, a morte, menos ainda de habituar-se. O Amor se revolta.[7]

É o Amor que rejeita tudo o que destrói o amor, que se levanta contra tudo o que prostitui o amor, que recusa tudo o que falsifica o amor! Nada é tão violento como a Misericórdia. E veremos até onde essa violência a levará. É pela violência que o Reino do Amor deverá ser reconquistado.

Misericórdia, portanto, não pode estar tranqüila enquanto um só de seus amigos estiver doente, ferido, sofrendo. Misericórdia não fica quieta. Ela não pode ficar passiva. Precisa fazer algo. Não, não! Não se trata de entregar-se ao poder da morte, de deixá-la nas garras da escravidão, deixar seus pés e punhos presos ao seu violador, deixar-se prender na teia do seu agressor.

---

[7] "A misericórdia não é o segundo nome do Amor, tomado no seu aspecto mais tenro, mais profundo, a sua capacidade de encarregar-se de cada necessidade?" (João Paulo II, 30 de março de 2000).

Ela está preparada para tudo. A ir até o fim do mundo, a descer até o fundo da humanidade, a menos que seja o inferno. Como ela pode ficar nas suas altas esferas, encerrada numa torre de marfim, quando os filhos de seu coração morrem na calçada?

Como pode ela ficar inacessível, porque é insensível? É preciso que se possa *tocá*-la, e que ela possa *tocar* para curar cada chaga assim *tocada*.

Misericórdia gerada em um seio materno

Eis o inaudito: tendo esgotado todos os outros meios para descer ao fundo de nossa miséria, Misericórdia acaba tomando as minhas mãos, meus pés, meus lábios, meus ouvidos, meu rosto. Para que eu possa vê-la com meus olhos, ouvi-la com meus ouvidos, tocá-la com minhas mãos. Não e não! Misericórdia não é uma idéia, uma abstração, um esquema, uma imagem virtual. É alguém. Faz-se carne e sangue. Torna-se carnal. Misericórdia tem uma fisiologia precisa, uma psicologia única frente ao mundo, uma morfologia típica. Não há duas como ela! Ela é uma pessoa.

Sim, Misericórdia se faz zigoto, feto, embrião, recém-nascido, bebê, criança, adolescente, jovem. Misericórdia atravessa meus dias, minhas semanas, meus meses, meus anos. Para lavá-los, saná-los e glorificá-los desde dentro.

Mas para isso Misericórdia precisou de uma mamãe, portanto, de uma moça. Misericórdia mendiga o seu corpo. Deixa essa mulher formar, dia após dia, os seus olhos, suas mãos, seu rosto, sua fronte, seus ombros, seus pulmões, seus lábios...

Misericórdia concebida nas *entranhas* do Pai, ei-la concebida nas *entranhas* de uma mulher. Fisicamente.[8]

Do seio do pai ela foi implantada no seio de uma mãe, e aí se formam olhos e lábios que cantarão o amor, mãos e braços que farão gestos e atos de Misericórdia.

Uma diálise instantânea

Mas para realizar essa passagem do Coração de Deus ao seio de uma mulher, há problema para os Três! Como fazer para que essa mãe não lhe transmita o vírus ultracontagioso que até então não poupou

---

[8] Em hebraico, misericórdia é *rahamim*, o "seio materno"; *rehem*, "a matriz". Em grego é *splagkhna*, entranhas, "o seio materno", o lugar da eclosão da vida. Lugar onde se começa a existir, a ser.

ninguém? Como preservá-la de toda contaminação mortal?

Pois se também ele for infectado, como poderá curar?

Então a descoberta de gênio, do gênio do Espírito: uma diálise! Numa fração de segundo, fazer a purificação desse sangue contaminado, como uma cascata que nada consegue deter, desce de geração em geração. Para desintoxicar, radicalmente e desde a concepção, a sua futura mãe.

Além disso, essa operação cirúrgica, que necessita de uma intervenção divina, é de fato retroativa. Pois esse sangue que Deus vai tirar dela será o único Sangue capaz de curar a totalidade da humanidade. Por isso, antecipadamente, a sua mãe será purificada no próprio Sangue de seu Filho ainda por vir. Visto que Deus é eterno, nada há de mais fácil.

Em linguagem técnica católica, esta cirurgia divina é chamada de Imaculada Conceição. Em Lourdes, Maria diz estranhamente de si mesma: "Eu sou a Imaculada Conceição" e não "fui concebida imaculada". Esta fórmula insólita tem uma força revolucionária: Maria identifica-se com a sua conceição e, portanto, com a sua maternidade divina (pois ela é concebida somente para tornar-se a Mãe de Deus). Toda concepção vem do encontro de duas pessoas que se unem. Aqui, o Pai e o Filho se unem no sopro do Espírito para conceber, na sua própria pureza absoluta, essa moça. E isso não foi feito de uma vez para sempre, no seio de Ana, mas ela é *continuamente* engendrada de maneira permanente.[9] Eis, pois, esta moça, toda frágil, mais bela que Eva ao brotar das mãos do Pai, na primeira manhã do mundo. Já está mais luminosa, mais gloriosa, mais resplandecente do que Eva. O Pai foi tomado de admiração e os anjos, de estupor... e o Filho, de altivez, e o Espírito, de alegria. Eis a obra-prima por excelência de todas as obras de Deus. O cume, o coroamento de todas as criaturas.

A obra máxima de misericórdia é ela! Teve-se misericórdia dela antes mesmo de ela dar Misericórdia à luz. Ela é filha de Misericórdia, para tornar-se Mãe de Misericórdia (como se diz de um nome próprio) e, portanto, de toda misericórdia.

Assim, a mãe de Misericórdia foi primeiro dada à luz por Misericórdia! Isso foi sem nenhum mérito,

---

[9] Intuição de meu irmão Dominique You, com quem fui ordenado padre exatamente na cidade da Imaculada em Lourdes e tornou-se bispo em Salvador da Bahia, em *Dans les sabots de Bernadette* (Béatitudes, 2003). Tive a graça de escrever essas páginas em Lourdes, em 11 de fevereiro de 2004, ano em que a Igreja festejou os 150 anos da proclamação dessa verdade.

nenhum esforço, nenhuma obra, nenhum ato de sua parte.[10]

Ela não caiu no laço do pecado porque, simplesmente, o Senhor retirou de seu caminho a armadilha. Ela não se quebrou por pouco que fosse, nem sequer esfolou-se, pois o Senhor tirou a pedra sobre a qual todos caímos.

Assim, desde a concepção dessa moça já está entre nós o mundo novo, o universo do futuro. Já está presente a humanidade resgatada, tal como será na eternidade. Em pleno mar de lama está a cintilar um diamante no qual se reflete a pura luz de Deus. Ponto único no universo de trevas, emergindo em pleno sol!

Portanto, bem no meio de nosso mundo manchado está o *reflexo* puro desse esplendor divino. Não a fotografia congelada no instante e logo envelhecida, mas o *espelho* que reflete de modo *permanente* a realidade.

Nascida a caminho e percorrendo meus caminhos

Eis Misericórdia, nascida depois do cair da noite, num jardim que se fecha, que agora nasce em plena

---

[10] Ela é a realização perfeita do que Lutero diz sobre a "só graça" que nos justifica, independentemente de nossas obras e de nossos méritos. Ele não poderia ter sonho melhor.

noite, numa gruta, onde finalmente se abre o jardim perdido, Belém!

Nascida numa tarde trágica do Coração do Pai, ei-la agora, numa noite magnífica, nos braços de uma mãe.

Nascida em plena noite, para que todas as nossas noites sejam iluminadas. À beira do caminho, para nos reunir em todos os nossos caminhos. Nascida totalmente só, para que todas as nossas solidões sejam habitadas.

No fundo dessa gruta, no meio da noite, Misericórdia recebe outro nome, um sinônimo: *Ieshuah: Jesus*. O que quer dizer: Amor salva. E salvar não é também san(gue)tificar e, já, glorificar? Eis a Glória, formada dos raios de Misericórdia, que passa do Menino, prolongado na noite, aos pastores, já transfigurados pela sua luz.

Por isso, por não agüentar mais, o Pai enviou aquele que ele prezava acima de tudo, e por quê? "*Para destruir pela morte aquele que tinha poder sobre a morte, isto é, o diabo, e livrar aqueles que, pelo temor da morte, estavam a vida toda sujeitos à escravidão*" (Hb 2,14-15).

Olha aquele que passa por nossos caminhos "*curando todos os oprimidos pelo diabo*" (At 10,38). Ele não arranca a cizânia, mas se faz grão de trigo no coração daqueles dos quais o malvado arranca a semente (Mt 13,19). Ele o enfrenta. Persegue-o no deserto. Para neutralizar o seu poder, destruir suas obras, fulminá-lo, condená-lo.

Quando ele é censurado por soltar de suas cadeias "*uma filha de Abraão que Satanás mantinha prisioneira há dezoito anos*", a cólera cresce nele (Lc 13,16). Ele se irrita contra o Mal (Mc 1,40). Vira as mesas dos cambistas a golpes de chicote. Ele, a doce, a humilíssima Misericórdia!

A misericórdia é sentimentalismo? A compaixão é tibieza?

Ele distribui seus perdões às braçadas. Em redor dele todo: à prostituta de Mágdala e à amante de seis homens na Samaria, ao paralítico e ao coletor de impostos, e até a um certo bandido. Cada perdão não é o brilho de um diamante-Misericórdia. Raio do sol-Misericórdia?

Mas isto não basta à Misericórdia. Ela deve ir mais longe, até o fim do amor. Ela não veio de tão longe só para se reunir conosco, só pelo prazer de estar conosco. É fantástico. Não só para partilhar todo o nosso sofrimento. É perturbador.

Ela veio para aliviar o nosso sofrimento e, com o tempo, para suprimi-lo. Para livrar-nos do cativeiro do pecado, arrancar-nos do próprio mal, causa de todos os nossos sofrimentos. E para isso é preciso combater o tirano em pessoa, causa de todos os nossos males. Enfrentar diretamente o autor de todo mal, o maldito por excelência. Descobrir o ditador que domina o universo. Ela lutará, de mãos limpas, para arrancar o homem das garras de seu opressor. Ela se oferecerá para um duelo, num corpo a corpo pavoroso. Combaterá até a vitória final.[11]

Desse pugilato ela sairá ferida de morte, ou melhor, para a vida eterna, pois ela guardará em sua carne glorificada os traços de seu combate da arena. Ferida, mas nunca vitoriosa.[12] É preciso salvar o amor, quer dizer, a vida, a todo custo. Ela está pronta para pagar o preço, por grande que seja. O preço do sangue. Dado que o terremoto original fez derramar tantos milhões

---

[11] "Se Cristo está no coração da matéria, então o mal é real, o perdão é real, a liberdade é real, e só existe um meio de deificar a vida, que é pela misericórdia. Porque o perdão rompe a cadeia do mal." (Padre Hopko, teólogo ortodoxo, SOP, 285.)

[12] Alusão ao combate de Jacó (Gn 23,33). Comentário em *Ton nom de braise, point d'orgue*, Sain-Paul, 1978.

de litros de sangue, ela derramará o seu sangue, todo o seu sangue, até a última gota.

Seu sangue muito puro purificará o sangue infectado da humanidade. E então a Misericórdia é torturada, condenada e, finalmente, assassinada.

A compaixão é tibieza? Mais violenta que qualquer ciúme, ela irá até a tortura para libertar um só de seus irmãos das garras do Assassino. Luta implacável. Doçura incalculável.

Para arrancar seus filhos da boca do lobo, a Misericórdia deixa-se degolar. Num corpo a corpo que esvazia o seu de todo o seu sangue. Sem alternativa.

Esse preço não é suficiente para medir a amplidão do combate? Você quer que ela pague mais caro ainda? Torturar mais algumas horas esse corpo já martirizado?

Ela desce mais baixo ainda. Nenhum arame farpado a detém. Ela atravessa as fronteiras da morte, mas depois que seu corpo estiver crivado de flechas. Do cordeiro fizeram um leão, além de um lobo que se possa temer.

Olha o ícone da Ressurreição, o da libertação. Veja o ímpeto que atravessa o seu corpo: "*Ele quebra as portas de bronze, despedaça as barras de ferro. Tira da sombra e das trevas os cativos das prisões e dos ferros. Rompe as suas peias. De sua angústia ele os livra. Da cova ele arranca a sua vida*" (Sl 106,10).

Ele pega um a um pela mão: "Vem para fora! Levanta-te dos mortos! Eu serei a tua luz! A ferida de meu lado curou a de teu coração!".

E cada um se ergue rendendo graças por esta maravilha: "Ouves o gemido do cativo, desfazes os laços que nos foram feitos!"; "Diante da voz do Salvador não se mantém nenhum laço. Os poderes infernais tremem!"; "Hoje o sangue que mana da cruz chega até os sepulcros e faz germinar a vida" (Santo Efrém).

Por isso continua sempre a descer nas "*regiões inferiores da terra, a fim de levar os seus cativos, subindo às alturas*" (Ef 4,8). Assim ele penetra no inferno, onde se debatem tantos alienados espirituais. Todas as fatalidades são quebradas, todos os determinismos são rompidos!

Deixar o perdão de *Jesus* descer ao abismo do coração é abrir-lhe as portas cujas chaves tínhamos perdido; ele as despedaçará. É deixar-se segurar por essa mão vigorosa, capaz de arrancar-nos do pior dos infernos, aquele que nós mesmos levamos em nós.

O Amor no fim do amor

Misericórdia não é uma qualidade nem uma dimensão do Amor, não é um atributo de Deus entre outros. É seu Nome, desde a queda de seus filhos. Seu Nome próprio. Deus *é* Misericórdia. Pois ele se transformou nela. Sua própria natureza é de perdoar. Para todo o tempo da história[13] ela se tornará a sua maneira própria de amar-nos. Ele é incapaz de fazer de modo diferente. É seu trabalho, sua felicidade.

É o Amor quem separa pecado e pecador, que arranca o pecador da escravidão do pecado, que abraça o pecador ao destruir o seu pecado. Que abraça um detido e quebra as suas algemas. Que desce ao corredor da morte para levar o veredicto final: indultado, libertado!

Nessa noite, o Amor tornou-se misericórdia: um coração que toma sobre si a miséria, mas para fazê-la desaparecer! Todo homem poderá amar. Só Deus chegará a tomar sobre si esse sofrimento, "que ele passou a invejar desde que o sofrimento passou a esmagar o

---

[13] Daniel-Ange, *Baume est ton nom*, Saint-Paul, 1978, p. 99. Quando Irmã Faustina ousa escrever "A Misericórdia é o maior dos atributos divinos", ela não suspeita que santo Agostinho dissera isso palavra por palavra: "o coroamento de todas as obras de Deus, de todas as suas ternuras".

homem. Ternura que esposa a humanidade no ponto mais profundo de sua aflição" (Cardeal Journet).

O Amor desceu de tal modo ao fundo do amor – ao fundo de uma agonia – que ninguém jamais arrebatará o seu lugar.

Misericórdia é o Amor que te procura, te persegue. Até o fim. Amor que te ama a despeito da tua liberdade. O Amor que nunca pára de amar mesmo quem se recusa a deixar-se amar. Dize-me, o Amor pode fazer outra coisa que não seja amar, a Misericórdia outra coisa que não seja ser misericordiosa?

Misericórdia! Esta palavra nasce menos no estrume de tua miséria que sobre a palha e a madeira da tua pobreza: a do berço, a da cruz. Sob o peso do Amor, ele se tornou nosso salvador. Não podia agir de outro modo (Tt 3,5).

Essa é a sua maneira de amar-nos. Esta é a nossa de deixar-nos amar: oferecer a ele aquilo para o qual ele veio.

A misericórdia é o próprio segredo de Deus, no próprio coração no qual ele é apenas Deus.[14]

Numa palavra, a misericórdia é o Amor que vai até o fim do amor para salvar o amor.

---

[14] De meu irmão e amigo, Bernardo Bro.

Uma ferida pior que a primeira

Pobre Misericórdia, ela acabou toda a sua obra, deu todo o seu coração, derramou todo o seu sangue, entregou toda a sua alma. Pronta a dar tudo de novo e de novo hoje mesmo. Mas acontece que ninguém quer, ninguém! A fonte está aí e ninguém tem sede! Morre-se de sede a dois passos da Fonte. A Fonte secará por falta de sedentos? A pior ferida no coração de Deus: ver seus próprios filhos "assaltados pelo inimigo" mas recusando-se a serem libertados! Agonizando na calçada mas recusando o garrote que faz parar a hemorragia. Morrendo do mais mortal dos cânceres, mas recusando toda terapia, toda hospitalização. Pior, batendo a porta para o médico.

É simples: não se precisa do médico, não se está doente. Não se quer misericórdia, porque não se está na miséria! Não há nada a fazer com o perdão, porque é evidente que o pecado não existe! Deus, para quê? A gente se vira muito bem sem ele.

Saímos de um século de ferro e de sangue, guerra de cem anos ininterruptos da humanidade contra a humanidade. As ideologias mataram inocentes aos milhões. Genocídios dizimaram povos inteiros. Países ricos sugam o sangue dos pobres. Os abastados deixam os miseráveis morrer diante de sua porta. O fosso entre as nações riquíssimas e as paupérrimas a cada ano se torna maior, dividindo a humanidade em duas. Crianças e jovens são vendidos às centenas de milhares, comprados ao preço da carne fresca, e se acaba por matá-los ao inocular neles a Aids. Crianças devem portar armas e matar. Moças importadas, por um preço irrisório, passaportes roubados, são reduzidas à pior das escravidões (poder-se-ia continuar por várias páginas).

Mas o mal se vê por toda parte! Mas, vejamos, a gente vive no melhor dos mundos... Rouba-se, violenta-se, mente-se, explora-se, tortura-se, inveja-se, maldiz-se, vinga-se, mata-se... Mas, é evidente, o pecado não existe! O pecado? Uma projeção de um inconsciente coletivo sadomasoquista, para se culpabilizar. Uma invenção dos padres para conseguir dinheiro. Uma balela para estragar nossa vida. Jesus nunca falou do pecado original! (É verdade, mas criou-o por seu sangue!)

Ó tu que passas ao lado de Deus

O pecado? O que foi que eu disse! Uma palavra tão ambígua, tão incômoda, é preciso que seja alijada! Porque, de duas coisas, uma. Ou essa doença existe realmente, mas ela "não perdoa" e, nesse caso, é preciso inventar não importa o que para camuflá-la. Anestesiar o doente para que ele não sinta nada. Diverti-lo para que não saiba nada! Ou então – e esta parece a última conquista científica – trata-se de um mito há muito tempo desmascarado e, neste caso, por que agravar uma vida de complexos suplementares?

Se negares o pecado, se vês apenas rebarbas sem conseqüências, acidentes insignificantes de percurso, de experiências interessantes, então *infeliz de ti*: fazes do Pai um mentiroso, de Cristo um impostor, do Espírito uma testemunha falsa. És pobre, pobre, pobre: sempre culpado, nunca em paz.

Se acreditas que és capaz de sair disso por ti mesmo, como único mestre a bordo, se vislumbras um ideal ao teu alcance, uma perfeição em teu poder, então *infeliz de ti*: não precisas de ninguém. Deus não precisa de ti. Ele não veio para ti. Tu não vives para ele. Tu estás só, só, só: sempre independente, nunca confiante.

Se pensas: tudo é bom, tudo é permitido. O pecado?... projeção de um superego culpado, simples falha psicológica!... então *infeliz és tu*: nunca conhecerás a doçura de ter alguém para quem gritar, nem a humilde certeza de ser escutado, nem a segurança de ser acolhido, nem a paz tranqüila de ser perdoado, nem a alegria louca de ser amado. És triste, triste, triste: sempre agressivo, nunca unificado. Sempre mal em tua pele.

Afastar-te de teu único caminho de felicidade: não há pobreza pior, solidão pior, tristeza pior. Não saber quem és: não há desequilíbrio pior.

Se recusas a tua condição, nem Deus pode fazer nada. Rejeitas a chance de ele dar a sua felicidade. Frustras o teu coração daquilo por que ele bate. E fizeste Deus menor que teu cérebro. *Infeliz és tu!*

Ainda o chamas de Cristo, não ousas mais chamá-lo pelo seu nome: *Ieshuah!*

Reconheces que ele é perito em humanidade, rejeitas que é perito único em redenção.

Admites que ele é homem para os outros, rejeitas que é Outro para o homem.

Tu o toleras como Senhor, renegas que seja Deus conosco.

Concordas que ele seja um superguru, mas não que seja sobretudo um servo humilhado.

Deus passou despercebido em tua vida. *Infeliz és tu!*

Se negares que és pecador, renegas o Salvador

Já não há bastante sangue derramado dos dois lados – do lado do homem e do lado de Deus – para que eu duvide ainda da terrível e universal realidade do pecado? Do imenso pecado do mundo? A Paixão de Jesus, com as suas atrocidades, não basta para convencer-me? Se ele falhou em descer a um tal inferno, o que deve ser esse inferno de onde Deus quer me arrancar a todo custo: se foram necessários tais sofrimentos para me libertar, que sofrimento deve ser a escravização do pecado? É constatando o preço pago que avalio o desafio e o valor daquilo que é comprado, resgatado. Se não és *pecador*, então não há necessidade de um *salvador*.

> Foi em Ruanda. Um seminarista, que deve ter assimilado mal um curso, disse: "Oh, agora a gente sabe que o pecado não existe". Yohanni, um catecúmeno de treze anos, replica imediatamente: "Bem, se o pecado não existe, então Jesus também não existe!". Faltam muitos Yohanni, com o seu simples bom senso, nos cursos de certas faculdades de teologia. E que, com o desembaraço das crianças, tomem a palavra, para lembrar a Palavra.

A Verdade dita pelos lábios dos pequeninos

O estudante de medicina, quase em cólera, disse: "A verdade nos está sendo roubada! Nunca nos falam do pecado! Negar o homem pecador é renegar a um Deus salvador. Recalcar o Salvador é traumatizar o homem".[15]

---

[15] "Por que minimizar o sentido do pecado? O sentido e o senso (onde me arrasta, onde me desvia). Por que descartar assim a

Nosso mundo endurecido, de coração esclerosado, morre por não mais saber o que perdoar, por não mais saber a quem olhar. Desvia-se da Face, e o mal está reduzido a uma ilusão. E o perdão? Um engano.

Nada é tão destruidor como o pecado. Seus estragos são incalculáveis. Suas conseqüências são pavorosas. Desagrega tanto o homem como a humanidade. É a recusa de amar. Deus odeia o pecado tanto quanto ama o pecador, e *porque* ele o ama, no mesmo movimento. Então, como denunciar o pecado sem anunciar o perdão? Como diagnosticar o mal sem oferecer o remédio? Seria criminoso. Pois se a rejeição do amor é morte, a vida é o perdão do Amor.[16]

Identidade Única e a Missão Única de Jesus? Foi escrito que o Maligno banaliza, economiza, diminui, torna insípido, minimiza os meios que fazem dele o fundador do Mal? Ele reduz a sua identidade de Adversário? Então, por que estupidamente rebaixar Jesus? Os padres não compreendem que são responsáveis e que, à medida que diminuem Jesus, deixam Satã crescer?" (França, 23 anos).

[16] "Com esta nova maneira de negar o mal, tira-se dos pecadores a própria possibilidade de serem amados assim como nós somos. Talvez não haja nada mais cruel do que tirar de alguém a própria razão de seu sofrimento, se isso o priva da razão de ser amado pelo que ele é" (Bernard Bro).

As crianças podem ter de maneira perturbadora esse senso agudo do pecado, essa intercessão ardente pelos pecadores, essa intuição da bondade do perdão. A pequena Clara de Castelbajac, que gostava tanto de se confessar, saindo toda vez radiante do confessionário, desde os seus nove anos, reza:

> Meu Deus! Perdão pelos pecados! Fazei com que não haja mais pecados! Seria bom! Para isso, vou ouvir as missas e receber os sacramentos. Perdão! Meu Deus infinitamente misericordioso! Perdão pelos pecados do mundo. Tentaria reparar o máximo possível sendo missionária e proclamando a vossa glória!

Como o pecado pode ofender a Deus?

"Através dos homens, como por ricochete" (Paulo, seis anos).

"Jesus é o perdoador de toda a terra" (Inês, 6 anos).

"A misericórdia é a corda lançada para nossa miséria" (Bernardo, 12 anos).

Denys (trissômico, 14 anos) à sua catequista: "Sim, é preciso. O padre Cláudio te dirá: Deus te ama e eu te perdôo... Você diz: Amém, você está louco de alegria como Zaqueu!".

"Digo o meu pecado a Jesus, e agora é como se eu não o tivesse feito" (Cédric, 9 anos).

Numa família que vive a sua fé, desde os seus quatro anos, uma criança sabe perfeitamente distinguir entre erro e pecado. Entre mentir e deixar cair sem querer um copo que se quebra.

Por isso é vital para uma criança abrir-se ao sacramento do perdão.[17] Uma das minhas grandes felicidades de padre são as confissões de crianças. Freqüentemente são de tal profundidade, de tal justeza e, às vezes, tão divertidas.[18] Fiquei profundamente comovido pelo frescor, limpidez e retidão. Eu devia confessar-me como eles. A criança tem direito a essa felicidade simples de um frente a frente, um coração a coração com o seu senhor e este tem direito a essa alegria. E qual é o nosso direito de frustrar Deus e um de seus filhos disso? Não, não privemos

---

[17] "Os tesouros do amor de Cristo no Sacramento da Penitência são tão grandes que as crianças devem ser formadas também nisso. O esforço paciente e necessário dos pais, dos professores e dos padres para preparar as crianças para esse Sacramento é de grande valor para toda a Igreja" (João Paulo II, 15 de março de 1983).

[18] "Padre, eu namorei..." "O que? Como?" "Sim, roubei duas flores..." "Perdoai-nos nossas crianças assim como nós perdoamos aqueles que nos têm ofendido." "Tirei zero no meu ditado, então, na minha caderneta, acrescentei um rabo vermelho ao zero."

nem as crianças dessa felicidade, nem os padres dessa consolação.[19]

Aonde a menina Misericórdia pode levar-me pela mão

Qual é, então, a ligação entre o sacramento da reconciliação e essa menina Misericórdia aqui cantada?

Pois bem, é muito exatamente o ponto em que essa Misericórdia, que arranca do pecado, que liberta, que cura, que já glorifica, pode me *tocar pessoalmente*, nesse lugar preciso, nesse momento preciso de minha vida.

Esta imensa Misericórdia que envolve o mundo – senão ele cairia no nada – só pode vir a mim *pessoalmente* no perdão recebido, e primeiro mendigado.

E os perdões que me são dados são os canais pelos quais eu possa oferecer essa Misericórdia recebida. Assim, milhares de perdões, tanto recebidos como transmitidos, vão pouco a pouco, de maneira capilar,

---

[19] Na celebração penitencial com as crianças, pode-se mandar que escrevam os seus pecados em papel, que são em seguida queimados diante delas numa fogueira de alegria.

penetrar o corpo inteiro deste pobre mundo tão ferido, a fim de acabar por curá-lo.

Essa recusa de dar a nossos padres o que Deus nos encarregou de dar não beira à criminalidade espiritual? Esses padres não terão sangue nas mãos na hora do julgamento?

Este sacramento é chamado com exatidão de "confissão" porque aí se confessa em primeiro lugar não nossos pecados, mas, antes de tudo, a misericórdia. E confessar quer dizer testemunhar. Atestar. Proclamar. Clama-se e proclama-se a bondade infinita do Coração de Deus. Recorrer a ela é jogar-se nos braços do Amor. O único procedimento por ele mesmo é um formidável atestado de que Deus é todo ternura, que creio nisso com toda a minha alma. Que eu tenha certeza. Que estaria até pronto a dar a minha vida para apregoá-la por meu sangue, ele que por seu sangue provou até onde ele é amor.

O que faz Moisés quando escuta o Nome acima de todo Nome? Cai por terra. Prostra-se. Grita: "*Perdoa!*" (Ex 34). Não resta outra coisa a dizer. É o grito do coração quando encontrou o Coração de Deus. Grito de amor. De um amor que responde ao Amor. Finalmente, não é a confissão outra coisa senão um encontro entre dois amores?

O antídoto para o sofrimento, porque anticorpo do mal

Cem por cento do mal e, por isso, do sofrimento no mundo vem do... pecado, que é a fonte, e não de outro lugar.

Vinte por cento (mais ou menos!) é imposto de fora. É devido a essa grande fratura original, que fende o mundo em dois. Os cataclismos naturais e, sobretudo, a morte: não posso mudar nada (a não ser a minha maneira de vivê-los). Mas oitenta por cento provêm dos pecados *atuais* do homem. E eles podem ser evitados; melhor, erradicados. Como os micróbios imundos que a medicina acaba vencendo, por mais contagiosos que sejam.

Você duvida? A prova: guerras e genocídios, injustiças internacionais – ou sociais, corrupção, divórcios e crianças abandonadas, violações, assassinatos, doenças sexualmente transmissíveis etc., tudo isso vem diretamente do orgulho, inveja, egoísmo, ódio, vingança, impureza, sede de poder, de ter e de saber, espírito de dominação. Esses pecados pessoais e coletivos acarretam sofrimentos sem número, incalculáveis. Sim, a imensa maioria dos sofrimentos vem desses vírus mortais.

A misericórdia dada e recebida é o antídoto e o anticorpo que resiste a essa contaminação universal do vírus tronco.

Novamente é preciso reconhecê-lo, confessá-lo e voltar-se humildemente para a fonte.[20]

É utópico sonhar com um mundo de paz, de justiça, de bondade e de amizade fraterna, tanto esses micróbios nos destroem desde dentro. Ora, justamente o perdão é a destruição dessas espécies de mísseis bacteriológicos que ameaçam nossa humanidade de *destruição massiva*.

Esse meteoro que caiu sobre nossa terra

O perdão! Todas as nações o esperam sem o saber. Não é a todas as nações que os Apóstolos são enviados? E para proclamar o que exatamente? "*A remissão dos pecados*" (Lc 24,7). João, o Precursor, já devia preparar o povo para isso (Lc 1,77).

A misericórdia implica o perdão aos inimigos. Novidade radical absoluta, na história da humanida-

---

[20] Num texto magistral, o grande Soljenitsin faz um diagnóstico de irrefutável lucidez sobre o mal no mundo. O único refrão dessas páginas magníficas é *Porque Deus foi esquecido!*, citado em *Guetteur I*, Fayard, 1996, p. 353.

de.[21] Só Deus em pessoa pode exigir uma coisa tão "inumana" para uma humanidade pecadora, mas também plenamente humana para a humanidade na Luz de Deus.

O perdão caiu na terra dos homens como um meteoro, um elemento estranho à humanidade envelhecida, gasta por não amar suficientemente. Vindo de um mundo totalmente diferente, aquele em quem tudo é apenas amor.

Aqueles que cresceram num mundo onde se desconhece o perdão conhecem o seu frescor absoluto. Descobrem-no como uma aurora inesperada, como um tesouro secretamente esperado.

> Um guru brilhante e jovem respondeu estoicamente a cristãos: "Acredito no carma. Colhes tudo o que semeaste e ninguém pode mudar isso. Não creio absolutamente no perdão. É impossível." Alguns meses mais tarde, ele voltou-se para Jesus, seduzido precisamente por seu perdão, que lhe pareceu uma revelação totalmente nova. "Como hindus, não tínhamos o mínimo conceito de perdão. Não existe perdão no carma

---

[21] "Foi Jesus Cristo quem descobriu o papel do perdão nos negócios humanos" (Hannah Arendt, filósofa judia). "A incondicionalidade do perdão é a assinatura de Jesus na alma" (Didier Rance).

e, portanto, não podíamos perdoar-nos uns aos outros."[22]

Por seu lado, Tatiana Goritcheva, a admirável fundadora do movimento feminista russo "Maria", declara:

> Já vivemos o inferno... E nossa libertação chegou, apareceu o cristianismo com seu conceito de perdão divino. O cristianismo nos libertou do carma do passado. O arrependimento e a confissão dos pecados tornam possível o que antes não o era: o passado desaparece como se nunca tivesse existido. A Igreja nos libertou do que antes nos parecia invencível. Diante do tédio do "eterno retorno" surgiu a unicidade da Ressurreição. Na Igreja tudo se tornou novo... A eternidade abriu-se para nós, sendo totalmente inebriante, a ponto de nos tirar o fôlego.[23]

---

[22] Sobre toda esta questão da misericórdia e do perdão no hinduísmo, ver a obra coletiva coordenada por mim: *Des bords du Ganges aus rives du Jourdain*, Saint Paul, 1983.

[23] Em *Nós, os que voltamos do inferno*, Et Renée Massip, lembrando o dia em que, quando estudante, ela foi, um pouco contra a vontade, a uma conferência sobre a misericórdia: "Foi assim que fui apanhada: pela misericórdia! Deus sabe que eu tinha o senso da justiça. Mas não conhecia a misericórdia. Isso foi uma descoberta: ouvir dizer que havia Alguém que me conhecia melhor do que eu mesma e que, no entanto, perdoava".

Em tantas regiões, irmãos fazem qualquer coisa, transpõem tantos obstáculos, correm todos os riscos para cair aos joelhos de um padre. Para eles, o perdão vale a pena. Sabem quanto custa. E nós, o que fazemos a respeito?

Este mais humano dos sacramentos, não lhe fazemos a afronta de desprezá-*lo*. De desprezá-*los*.

A sua Misericórdia não se estende só de idade em idade, mas também de povo a povo?

Socorro! Nosso mundo morre por falta de misericórdia!

Para toda a humanidade, trata-se de uma questão de morte ou de vida. A última escolha: o de suicídio ou a misericórdia. Noutras palavras: o desespero ou a adoração.

Hoje o mal atingiu tais proporções, os crimes estão tão globalizados, o horror chegou a um tal paroxismo que resta apenas uma saída: mendigar a Misericórdia, abrir-se a ela e deixar-se curar.

Essa Misericórdia sempre e por toda parte oferecida, mas quase sempre e em todo lugar recusada, desprezada, rejeitada.

João Paulo II, logo após a Jornada Mundial da Juventude em agosto de 2002, consagrou a basílica da Misericórdia em Cracóvia, lá onde o Senhor manifestou a santa Faustina Kowalska os raios de luz que jorram de seu Coração aberto. Sua homilia é extraordinária.[24]

É antes de tudo um grito:

> Ajudai o homem moderno a experimentar o amor misericordioso de Deus! Que este amor, no seu esplendor e na sua caridade, salve a humanidade!
> Como o mundo hoje tem necessidade da misericórdia de Deus! Em todos os continentes, do mais profundo do sofrimento humano, parece elevar-se a invocação da misericórdia. Lá onde dominam o ódio e a sede de vingança, lá onde a guerra semeia a dor e a morte dos inocentes, a graça da misericórdia é necessária para apaziguar os espíritos e os corações e fazer jorrar a Paz. Lá onde falta o respeito pela vida e pela dignidade do homem, o amor misericordioso de Deus é necessário, pois à sua luz se manifesta o valor inestimável de cada ser humano. A misericórdia é necessária para fazer com que cada injustiça do mundo encontre seu fim no esplendor da verdade.
> Por isso, hoje, neste santuário, quero dedicar solenemente o mundo à Divina Misericórdia. Faço isto com o desejo de que a mensagem do amor misericordioso de

---

[24] O cardeal Christophe Schönborn confiou-me alguns dias mais tarde: "É uma chave para o futuro".

Deus atinja todos os habitantes da terra e encha o seu coração de esperança. Que desde este lugar esta mensagem se difunda no mundo. Que se cumpra a promessa sólida do Senhor Jesus: é daqui que deve brotar "a faísca que preparará o mundo para a sua vinda última". É preciso acender esta faísca da graça de Deus. É preciso transmitir ao mundo este fogo da misericórdia.
Na misericórdia de Deus o mundo encontrará a paz, e o homem encontrará a felicidade![25]

E oração:

Deus, Pai misericordioso, que revelaste o teu amor no teu Filho Jesus Cristo e o derramaste sobre nós no Espírito Santo Consolador, nós te confiamos cada homem e cada mulher. Inclina-te sobre nossos pecados, cura nossa fraqueza, vence todo mal, faze com que todos os habitantes da terra experimentem a tua misericórdia a fim de que em ti, Deus Uno e Trino, eles encontrem sempre a fonte da esperança. Pai eterno,

---

[25] "A Igreja vive uma vida autêntica quando professa e proclama a Misericórdia, atributo mais admirável do Criador e do Redentor, e quando conduz os homens às fontes da Misericórdia do Salvador, de que ela é dispensadora" (João Paulo II, *Dives Misericordia*). "A luz da Misericórdia divina que o Pai quis dar de novo ao mundo através do carisma da Irmã Faustina aclarará o caminho dos homens do terceiro milênio" (João Paulo II, *Canonização*, 30 de março de 2004).

pela dolorosa Paixão e pela Ressurreição de teu Filho, concede-nos a tua misericórdia, bem como ao mundo inteiro. Amém![26]

---

[26] Do *Diário* de Santa Faustina Kowalska: "Minha filha, diz que eu sou o amor e a misericórdia em pessoa. Quando uma alma se aproxima de mim com confiança, eu a cumulo de uma tal quantidade de graça que ela não pode contê-la em si e a irradia sobre as outras almas. Protejo as almas que divulgam o culto de minha misericórdia, em toda a sua vida, como uma terna mãe protege seu filho a quem ela aleita ainda, e, no momento de sua morte, não serei para elas um Juiz, mas um Salvador misericordioso. Nesta última hora, a alma não tem nada para sua defesa, a não ser a minha misericórdia. Feliz a alma que durante toda a sua vida mergulhou na fonte de misericórdia, porque a justiça não a apanhará. Escreve: tudo o que existe está tão profundamente contido nas entranhas de minha misericórdia mais do que um bebê no seio de sua mãe. Como a desconfiança para com a minha bondade me fere dolorosamente! São os pecados de falta de confiança que me ferem de maneira mais dolorosa" (*Diário QIII*, p. 374).
Comentário de João Paulo II para a canonização: "Esta mensagem de consolação se dirige em particular àquele que, tocado por uma provação particularmente dura ou esmagado pelo peso dos pecados cometidos, perdeu toda a confiança na vida e está tentado a ceder ao desespero. É a ele que se apresenta a doce face de Cristo, é a ele que chegam esses raios que partem de seu coração e que alumiam, aquecem, indicam o caminho e difundem a esperança. A quantas almas já consolou a invocação: 'Jesus, eu confio em Ti', que a Providência sugeriu à Irmã Faustina! Este simples ato de abandono a Jesus dissipa as nuvens mais espessas e faz penetrar um *raio de luz* na vida de cada um".

II

A dimensão vertical: o perdão recebido, fonte de cura

Tudo isso vem de Deus, que nos reconciliou consigo por Cristo e nos confiou o mistério da reconciliação. Pois era Deus que em Cristo reconciliava o mundo consigo, já não levando em conta os pecados das pessoas e pondo em nossos lábios a mensagem da reconciliação.

(2Cor 5,18-19)

Agora, em Cristo Jesus, vós, que antes estáveis longe, fostes agora aproximados pelo sangue de Cristo. Ele é a nossa paz, ele que de dois povos fez um só, derrubando o muro de separação, a inimizade, em sua própria carne. Ele aboliu a Lei dos mandamentos, expressa em decretos, para fazer em si mesmo, dos dois, um só homem novo. Estabeleceu assim a paz, reconciliou ambos com Deus num só corpo pela cruz e matou em si mesmo a inimizade.

(Ef 2,13-16)

Na dimensão vertical do perdão, que liga o céu e a terra, farei resplandecer para vocês doze facetas de diamante, farei cintilar doze estrelas:

1. No sopro do Criador
2. Essas feridas fontais que te san(gue)tificam
3. O bandido que se tornou filho da luz
4. Um só olhar basta
5. Em sua glória, pegar-me desfigurado
6. Do remorso-morte ao arrependimento-confiança e da contrição à absolvição
7. Cadeias quebradas, chagas cicatrizadas: sair para a luz!
8. A santidade transmitida... por um pecador
9. Cirurgia estética a raio laser
10. Buscar refúgio no coração do Pai, ser acolhido nos braços dos irmãos
11. Músicas e danças: que festa!
12. Uma ressurreição em vista da Ressurreição

No sopro do Criador

Envia teu Espírito e a criação será renovada.
(Sl 104,30)

Quem está em Cristo é nova criatura. O que é velho passou, e um mundo novo nasceu.
(2Cor 5,17)

Noite de Páscoa. Meia-noite. Jerusalém. Sala superior. Ali onde há três dias ele entregava o seu Corpo e o seu Sangue. Estão escondidos, com medo de serem presos, torturados. Bruscamente, batem à porta. Quem é? Cléofas e seu companheiro. Chegam arquejando. Correram doze quilômetros sem parar. Não podem ficar calados. Contam esbaforidos uma aventura de tirar o fôlego. Ele andara pelo caminho com eles. Num estalo, eles o reconheceram. Sim, era ele certamente! Não um fantasma, uma alma do outro mundo, comeu debaixo de seus olhos estupefatos. Não tinham acabado de contar e, de repente, ele está aí. Ele em pessoa. Irrompe no gueto de seu medo. Ninguém sabe como. Durante o dia todo ele fora encontrado, cá e lá. Pela primeira vez ele os encontra todos juntos. Diz-lhes uma palavra estupefaciente:

"A quem perdoardes os pecados, eles serão perdoados."

O cúmulo!

Eis que o poder que estava exclusivamente reservado a ele, por motivo evidente, que pertence só a Deus, o seu próprio poder que recebeu diretamente do Pai, ele dá a esses pobres pecadores incultos da Galiléia. Através deles ele o dá à sua Igreja. Transmite-lhes o maior dos seus privilégios.

Mas como eles são radicalmente incapazes disso, ele faz preceder essa palavra por um gesto insólito, que ainda não fizera para ninguém: sopra sobre eles. Insufla neles aquele sopro que insuflou a vida em Adão (a *Ruah* em hebraico). Esse sopro que fez surgir todo o cosmos. E, como para um sacramento, ele enuncia a palavra que dá sentido ao gesto:

"Recebei o Espírito!"

Esse Espírito Santo, do qual tanto lhes falara, aqui mesmo, fazia três dias, mas que ainda não lhes fora *dado*. Tal é o Pentecostes totalmente íntimo e escondido da noite de Páscoa, prelúdio do grande Pentecostes que lançará a Igreja na sua trajetória através da história.

Desses poucos homens ele faz *criadores*. Até o fim do mundo e da história eles irão *refazer a criação* pelo perdão. E cada vez que disserem (o que seria a pior das blasfêmias sem a ordem do Mestre) "eu te perdôo", então o sopro do próprio peito de Jesus passará para o coração do pecador, passando pelos lábios deles, por mais sujos que estiverem. Um sopro que não lhes pertence. Mas que eles veiculam. Um sopro que eles sabem de onde vem e para onde leva.

Toda confissão é Pentecostes. Toda remissão de pecado é efusão do Espírito. O perdão não é uma coisa, é *Alguém*. Não é uma idéia, é uma *Pessoa*. Jesus dá o Criador em pessoa.

É aqui que se desenvolve ao máximo a *potência criadora* de Deus. Para Deus, é até mais forte perdoar que criar. O nada e a matéria não podem resistir às mãos de Deus.

Mas a liberdade pode resistir a ele. Uma liberdade humana que se abre ao perdão do Pai é um dos milagres máximos que se pode imaginar! Uma das mais fortes vitórias de Deus.[1]

---

[1] "Se Jesus não tivesse dito 'Perdoa!', eu não existiria". Fulgurante palavra. Rolando tinha lido esta carta de um cristão do século II: "Ao nos renovar pelo perdão dos pecados, ele fez de nós um outro ser, de modo que temos uma alma de criança, exatamente como se nos criasse de novo. Eis que somos criados de novo, nós de quem o profeta disse: 'Dos que o Espírito vê antecipadamente arrancarei os corações de pedra e colocarei corações de carne'". Teria ido aos desertos do Egito para entrevistar os Padres sobre a sua maneira de ver as coisas? "Aceitar-se pecador é maior que aceitar-se criatura". Tinha lido a Suma Teológica de Tomás de Aquino? "Perdoar os

É para transmitir-lhe o Espírito que o sacerdote *impõe as mãos* sobre a cabeça do pecador arrependido (ou, no confessionário, estende-as na direção dele). Pois é ele que foi *enviado para a remissão dos pecados* (fórmula de absolvição). Não é ele mesmo essa remissão dos pecados? E não é ele que detecta, desenvolve e manifesta o pecado: "Ele estabelece a culpa do mundo em matéria de pecado. Ele vos guiará na Verdade completa" (Jo 16,8-13).

Estou batendo à máquina. *Alexandre*, 6 anos, está intrigado com o papel corretor.
– Isso serve para quê?
– Serve para corrigir os erros (e mostro para ele como a letra fica branca).
– E isso faz o erro ir embora?
– Veja, quando você pede perdão, no teu coração, também Jesus faz o erro ir embora...
Como um raio, a sua resposta me choca:
– Mas como ele faz, ele *assopra*?

Quem diz criação diz *Vida*. Este sacramento é uma transmissão de Vida. Não se trata de vegetar, mais ou menos anêmico, ou então anestesiado. Trata-se de

---

homens é obra maior que a criação do céu e da terra". Conhecia Pascal? "Sem Jesus Cristo o mundo não subsistiria, pois seria preciso que fosse destruído ou que fosse como um inferno... Subsiste somente por Jesus Cristo e para Jesus Cristo".

viver uma plenitude de vida. Ele não veio para dar-nos a Vida e Vida em superabundância? (Jo 10,10).

E que vida é essa? A vida terrestre de Jesus de Nazaré? Não! De Jesus ressuscitado, quer dizer, para sempre na sua glória.

Ele só poderia dar o seu perdão depois de ter sido glorificado. Uma vida, portanto, que não pode mais morrer, que já passou a morte, uma vida ilimitada, imortal.

Para fazer cair nossas defesas, para nos desencadear, foi preciso que na véspera desse dia de Páscoa Jesus descesse aos infernos, como tinha descido na noite de Judas. Ele tinha segurado a mão de quem a estendia para projetá-lo na sua Glória.

O ícone do perdão é o da *descida aos infernos*, que é, na realidade, *uma volta à luz*. E aqueles cujos túmulos fora fendidos pelo perdão fazem suas as palavras de Tatiana Goritcheva: "Nós já vencemos o inferno".

O cordeiro desce ao abismo – nunca sem fundo – mas como um mergulhador: após ter tocado o fundo da piscina, de um salto só, volta à superfície. Não sozinho, mas com o afogado.

Toda recusa de amor é *privação de oxigênio*; a mão do Ressuscitado nos arranca desta lenta *asfixia*. Remete-nos ao nosso ambiente tanto natal como vital. *Inspiramos* o perfume de Jesus e *respiramos* o sopro do Espírito. No ritmo do coração do Pai.

É justo e verdadeiro o lema de João Paulo II: "Que a Igreja respire com os pulmões do perdão e da misericórdia".

> Num acampamento de jovens, em plena noite, sou despertado por Martine, como um médico chamado urgentemente ao leito de um ferido: "Depressa, diga-me o que é a confissão de que ouvi falar ontem à noite". Esfregando os olhos, descrevi-lhe o seu esplendor. Seus olhos brilham: "Então, se tudo isso é verdadeiro, é para mim hoje". Imediatamente, ela recebeu pela primeira vez esse sacramento. O dia nasce sobre uma vida nova.

Tiveste razão em despertar-me, Martine. Há tantos anos Deus esperava esse encontro de amor contigo. Não há mais um minuto a perder. Nem para ele nem para ti. És feliz por ter-lhe dado essa felicidade: poder exercer o trabalho de Deus. Feliz és tu por ter encontrado no teu caminho um de seus pobres servidores. És feliz porque, eu te digo, uma multidão de mais perdidos do que tu dariam todo o ouro do mundo para encontrar, por um instante que fosse, um homem que lhes dissesse a palavra mais libertadora, mais criadora que há: *eu te perdôo*. E não podem. Não o encontram.

Martine, nunca pares de louvar o teu Senhor por essa noite de felicidade. Não cesses nunca de amar. Tu, que as mãos dele acabam de moldar novamente para a luz.

Essas feridas fontais que te san(gue)tificam

Olha minhas mãos,
estende a mão e põe no meu lado.
(Jo 20,27)

Tirareis água com alegria das fontes da salvação.
(Is 12,3)

Suas feridas nos curaram.
(Is 53,5)

Mas antes de transmitir o seu poder de perdoar, antes mesmo de soprar sobre seus Apóstolos, ele começa mostrando a fonte tanto de seus perdões como do Espírito Santo: as feridas de seu corpo. Essas feridas que teve de guardar em sua carne apesar de já glorificada.

Quando são João diz que o Espírito não tinha ainda sido dado porque Jesus não fora ainda glorificado, ele fala dessa glorificação na cruz, condição de sua glorificação na glória (Jo 7,39).

E entre todas essas numerosas feridas, ele escolheu duas para mostrar-lhes primeiro: as das mãos e dos pés (Lc 24,39).

As mãos que sangram para que o Cordeiro abençoe

Se as mãos podem, com um simples toque, abrir os olhos de Bartimeu, é porque elas se oferecem aos pregos antes. Se esses lábios, com uma simples palavra, podem lavar a alma de Zaqueu, é porque eles se abrem para essa palavra antecipadamente. Se a aflição dos corações feridos lhe arranca "eu te perdôo", é porque a dor das mãos perfuradas logo gerarão "perdão". O que ele pedir com um grande grito concede já, de tal modo ele sabe que já foi dado. As *mãos* são colocadas sobre os olhos fechados, as frontes com febre, as pernas paralisadas, as mãos ressequidas, ao mesmo tempo que de seus *lábios* saem esta palavra insólita: *Eu te perdôo!* Antes mesmo de dizer: *Levanta-te e anda!* E para poder dizê-lo.

Veja como procede o Cordeiro. Aos cravos ele estende suas mãos. Quereria não ser solto deles? Elas ficarão abertas para sempre.

Que grito a dor atroz arranca dele? Escuta bem para distinguir as doces sílabas: *Perdão! Perdão!* e ainda *Perdão!* Ele não tem nada mais importante a dizer? Mais urgente a fazer? Não diz mais nada. Não faz mais nada. Exerce o seu ministério. Faz frutificar o seu carisma. Vive o seu sacerdócio. Celebra a sua morte. Os soldados fazem o seu trabalho. Ele faz o seu, o trabalho de Deus. O seu serve-se do deles. Em seus *lábios*, pela primeira vez, passa tal palavra. É casual esta coincidência entre essa palavra e esse momento? *Lábios* e *mãos* se encontram na mesma Palavra? Entre as mãos esfaceladas e os perdões semeados, uma ligação que as piores aflições não conseguirão desfazer.

De fato, enquanto enterravam nelas os enormes cravos – cirurgia sem anestesia! – ele não cessava de repetir: "Pai, perdoa-lhes, eles não sabem o que fazem".[2]

Antes de serem postas sobre os seus para fazer deles santificadores, essas mãos deviam ser, na antevéspera, perfuradas de lado a lado.

Como se fossem necessários esses furos em sua carne, para que os perdões do Céu pudessem espalhar-se sobre nossa pobre terra poluída! Tais são os *canais* incontornáveis que ligam a Fonte às terras irrigadas.

---

[2] Repetição bem feita no filme perturbador de Mel Gibson.

O sangue cobre os rostos daqueles que batem o martelo nos pregos. E o perdão, no mesmo jato, lava o rosto de seu coração.[3] E meu amigo Tomás, da prisão de Garoua, diz: "Ele não percebeu que eu o tinha perfurado".

"*Pai, perdão!*", não posso mais ouvir essas palavras sem rever o rosto de Rolando.

"*Olhai minhas mãos!*", pelas mãos do padre postas sobre ti o sangue das mãos traspassadas corre sobre ti.

Essas *mãos* não serão mais postas sobre a tua fronte sem serem antes abertas por *teus* pregos. Mas através dessas aberturas se espalham sobre ti as torrentes do perdão. Todas as veias estouram. Hemorragia lenta, irremediável. Que garrote a estancará? Que hemostática parará o fluxo?

Uma fonte inesgotável de vida

Depois de suas mãos e de seus pés, o seu lado aberto. A ferida feita pela lança do pecado se torna a fonte de onde brota o sangue que curará o pecador. O oficial

---

[3] No Canadá, as pessoas gostam de uma imagem que representa Jesus abraçando aquele que o pregou na Cruz, tendo ainda nas mãos pregos e martelo. "Quando alguém vai confessar-se, vai tirar Nosso Senhor da Cruz" (Cura d'Ars).

pagão que a fez foi borrifado por ele. Ele foi *batizado* por esse jato de sangue. Exclama: "Verdadeiramente, este homem é Filho de Deus" (Lc 23,47). O algoz – e não somente o bandido – se torna filho da luz.[4]

O golpe de lança se volta para mim, que a cravei, mas para me transfigurar. Jesus cura pelo local onde foi ferido. Pelo próprio lugar onde recebeu o golpe ele dá a cura da ferida.

E se lhe perguntarem: "Que são essas feridas em teu peito?", ele responderá calmamente: "São as que recebi dos meus amigos" (Zc 13,6).

Por essas mesmas feridas, seus inimigos se tornam seus... amigos. E ele pode dizer aos que o crucificam, hoje como ontem: "Doravante sereis meus amigos". Aqueles que o feriram de *morte*, ele os faz filhos da *vida*.

E esse coração ferido de Jesus nos faz ver e tocar o próprio Coração do Pai.

"Jesus pode perdoar porque sofreu. Deus Pai perdoa porque ele também está ferido" (Marcos, 11 anos).

Um texto do profeta Zacarias traduz em palavras esse grande grito silencioso, o último de sua vida:

---

[4] Mel Gibson ilustrou bem esta imagem dos padres no seu filme *A Paixão de Cristo*.

"Derramarei sobre a casa de Davi e sobre quem mora em Jerusalém um espírito de graça e de súplica" (Zc 12,10). "Naquele dia haverá para a casa de Davi e para os habitantes de Jerusalém uma fonte aberta para lavar o pecado e a mancha" (Zc 13,1).

Uma fonte que nada, nunca, poderá esgotar, de onde manam sem cessar sobre toda a humanidade torrentes de sangue. Só esse sangue é capaz de lavar, de purificar, de curar.

Rio de sangue divino que quer inundar o mundo – novo dilúvio – para limpá-lo de todas as suas manchas, purificá-lo de todas as suas abominações (purificar, em grego, é *katharizo*, que, literalmente, significa limpar). Efusão de sangue que é o único que pode parar toda efusão de sangue. Único sangue capaz de fazer com que o sangue do homem não possa mais ser desperdiçado, banalizado e, pior, derramado... Com uma condição: que esse sangue não seja, por sua vez, desperdiçado, banalizado, pior, esterilizado. Que não se deixe que ele caia sobre as pedras, impedindo que fecunde a nossa terra. Tu também, não o desperdices, não o esterilizes. Porque só esse sangue "nos purifica de nossos pecados" (1Jo 1,7).[5]

---

[5] "Quando, de tempos em tempos, apresento-me para vossa confissão, não peço água quente para me lavar, peço vosso sangue [...], um jato de sangue em pleno rosto, como o que foi fornecido ao centurião" (Claudel).

Um sangue que queima

Mas esse sangue faz muito mais que purificar. Ele transfigura, glorifica, diviniza. Por isso, da mesma fonte jorra ao mesmo tempo outra torrente: a água viva do Espírito. O *sangue* e a *água* misturados, pois o *sangue* de Jesus queima com o fogo do *Espírito*. *Sangue* e fogo passam pela chama do *Espírito-Amor*. O *Espírito* é difundido porque o *sangue* é derramado. O *Espírito* só se difunde com e *no sangue*. Para te *san(gue)tificar* no Espírito santificador. O primeiro dos mártires, Jesus, derrama o seu sangue e dá o seu Espírito. Jesus não veio somente com a *água*, mas com a *água* e com *o sangue*. Portanto, são três a testemunhar: "o Espírito (pela) água e pelo sangue" (1Jo 5,6).

Entendes agora porque, antes de soprar o seu Espírito, e de comunicar o seu poder de perdoar, era preciso que mostrasse a Fonte?

E o profeta indicasse com exatidão qual é essa fonte: "Eles olharão para mim, aquele que traspassaram" (Zc 12,10).

Como mergulhar nessa fonte purificadora, transfigurante, sem contemplar aquele cujo coração tu mesmo traspassaste?[6]

---

[6] *Ton Roi livré pour toi*, p. 273, n. 2.

Isso antes, mas também depois de teres confessado. Depois: Jesus voltou oito dias depois dessa noite "pentecostal" de Páscoa. Tomé, por intuição divina, exigiu, para crer, que visse não a sua glória ou os seus milagres, mas exatamente as chagas, e nada mais. Quer dizer, as próprias marcas na sua carne que provam até onde o Amor foi... que prova que o seu Deus não é "um grande todo cósmico onde se dissolve". Jesus está tão feliz que diz para ele: põe a tua mão neste lado aberto e vê até onde o Pai te amou.

Essas chagas são gloriosas, luminosas, cintilantes, porque são eternas. As feridas feitas em ti pelo pecado pode, por sua vez, tornar-se fonte de vida para os outros, porque no sangue de Jesus foram glorificadas pelo Espírito de glória.

Portanto, não só *olhar* esse coração aberto, mas, com Tomé, *tocá-lo*. Melhor ainda, com todos os santos aí esconder-te, ocultar-te: não é este o portão aberto aos pecadores? Melhor ainda: *dormir* como uma criança. E simplesmente *viver*, fazer aí a tua morada e *amar*.

O BANDIDO QUE SE TORNOU FILHO DA LUZ

Feliz aquele cuja ofensa é absolvida,
cujo pecado é coberto.
Feliz o homem a quem o Senhor não atribui
iniqüidade, e em cujo espírito não há engano.
Confessei a ti o meu pecado,
e minha iniqüidade não te encobri.
Eu disse: "Confessarei ao Senhor as minhas
transgressões" e tu absolveste o meu pecado.
(Sl 32)

O caminho de acesso ao paraíso tem apenas a
largura de uma pessoa e a altura de uma cruz.
(Vladimir Ghyka)

Ó ladrão, flor precoce da árvore da cruz,
tu és o primeiro fruto do madeiro do Gólgota.
(Liturgia siríaca)

Eu abro o jardim fechado (Lc 23,39-43)

Ele tinha apenas implorado essa compaixão do Pai sobre toda a humanidade que imediatamente aplicará a esse bandido ao seu lado. Primeiro os dois o insultam, como todo mundo. A partir de um certo momento, o que está à direita tem o coração comovido. O que aconteceu? Pode-se apenas pressentir. Sem dúvida perturbado pela doçura dos olhos de Jesus postos nele, de repente ele vê não apenas um condenado de quem escorre suor e sangue, mas *vê o seu Rei!*

Ele olha para um condenado à morte: reconhece o Senhor da morte. Ele vê uma potência: pensa num Reino! Vê um homem na sua nudez, entrevê um Soberano em majestade.

E murmura para ele uma prece totalmente simples, que atravessará todos os séculos, prece do pobre entre os pobres. Uma das mais belas que há. Ela brota de seu coração: "Lembra-te de mim quando vieres como Rei". É tudo. Pede apenas isso: que se lembre dele. Mas repete a sua prece, insistindo. E Jesus vai conceder-lhe tudo: o Reino. Nada menos!

O *paraíso*! Pela primeira vez, esta palavra, desaparecida desde que o jardim foi fechado, reaparece nos lábios de Jesus, no próprio momento em que seu amigo é introduzido aí.

Mas antes mesmo de fazer o seu pedido, o bom ladrão foi o único a ousar tomar a defesa de Jesus, o único a fazer-se advogado de Deus durante a sua Paixão. Com o risco de ser vaiado, o ladrão ousa atestar: "Este nada fez de mal". Na verdade, ele se torna a *testemunha da inocência de Deus*, ele que era culpado. E Jesus, inocentado, lhe devolve sua inocência.

Ele não se envergonhou de Jesus e Jesus o tingiu com seu sangue: diante de seu Pai, Jesus tomará a sua defesa.

A resposta de Jesus é a primeira canonização da história: garantir-lhe que ele estará no paraíso, isto é, que nesse instante ele se torna um santo. Depois de José, João Batista e os meninos inocentes de Belém, pode-se dizer que é o primeiro resgatado por Jesus que entra diretamente no paraíso.[7] Aquele que parecia estar no fundo do precipício é o primeiro a ser alçado. Em nosso nome, ele entra no Reino.

Eu te pergunto: nessa paixão, quem é o *próximo* do Amor? Aquele que vem de *mais longe*. O bom

---

[7] No Oriente, ele é muito venerado, muitas vezes representado na porta esquerda da iconostase. Sua oração pontua o canto das Bem-aventuranças. A canonização do Precursor por Jesus está nesta afirmação surpreendente: "Entre os filhos nascidos de mulher, ninguém é maior do que ele". Ver meu livro *Jean-Baptiste*, Béatitudes, 2000.

ladrão é a prova de que o perdão, como a santidade, é um dom absolutamente gratuito de Deus, independentemente de nossos méritos, de nossas obras, de nosso bom comportamento. Admitamos que ele tenha sido uma "ótima pessoa", direito, honesto, bom e justo, condenado, mas inocente. Então se acreditaria que a sua canonização estava em função de tudo isso. Mas não.[8]

No último minuto, um só grito de seu coração basta para que o Céu lhe seja repentinamente aberto. Jesus escolhe como protótipo de santidade aquele que parece mais incapaz!

Ele abre uma porta, uma brecha do paraíso para uma multidão. Por isso nunca se deve pensar: é tarde demais! Não, nunca, jamais é tarde demais, entendeste? Até o último segundo do último minuto da última hora do último dia do último mês do último ano da tua existência, é tempo, ainda é tempo, sempre é tempo. Não é cada instante o tempo de Deus? O tempo do Amor? O tempo de seu Coração?[9]

Se esse primeiro canonizado – canonizado pela Santidade em pessoa – pudesse falar, dir-me-ia coisas

---

[8] Claudel falará de um "cataclismo penitencial".

[9] Ver o belo livro de meu irmão André Daigneault, *Le bon larron*, Anne Sigier.

muito diferentes das que me escreveu esse jovem preso africano que tive a graça de encontrar numa prisão do norte de Camarões?

> "Tu me pedes para contar-te como encontrei a Deus na prisão. É simples. Vou contar.
> Fiz mal à sociedade, eles me julgaram e condenaram à morte. Pegaram-me e me jogaram na prisão para que eu apodrecesse. Sendo misericordioso como é, Deus não levou em conta que o perfurei. Ultrajei-o e violei os seus mandamentos. Mas ele veio em meu socorro para cumular-me de graça infinita. Eu choro lágrimas de alegria, pois estava perdido.
> A minha grande descoberta na prisão é a face de Cristo. Quando digo para as pessoas que estou contente por estar condenado à morte hoje, eles não compreendem. Mas só eu sei porque digo isto. Aqueles que dizem que Deus se aproveita de nossa infelicidade para nos resgatar, têm razão em dizê-lo. Eu, particularmente, entendi e vi. Agora sou uma de suas testemunhas porque também eu o encontrei na prisão. Ele me chamou, eu o aceitei. Agradeço muito a ele por ter-me feito ver meus pecados, meus erros. Por mais que sejam contra a autoridade, tenho a certeza de que ele perdoou meus pecados.
> Quando penso nos numerosos pecados que cometi, lamento por ter nascido. Não! Eu agradeço a ele por ter mostrado meus erros. Ademais, eu me lancei de corpo e alma e lutarei até a última gota de meu sangue. Rezo para que ele faça de mim seu filho, sobretudo

que suas armas, que chamo de oração, sejam para mim uma doença incurável enquanto eu viver aqui embaixo" (Tomás 23 anos).

Ilustração perturbadora das afirmações tão fortes de um alto magistrado, Fernando Lequenne:

> Em todo criminoso, há uma parte de humanidade da qual não consigo duvidar. Resta uma fibra de humanidade nos bandidos mais inveterados. Deus é maior que seu coração abismal. Entre o momento em que alguém se joga de um rochedo e aquele em que se esmaga, há uma eternidade, e lugar para a eternidade de Deus...
> Eu que julguei muito, sei que não há crimes que Deus não possa apagar. Creio que, no crisol desse Amor, nenhum ódio resistiria. O ladrão da sexta-feira santa abre a porta e o caminho a tantos outros, tenho certeza.
> É verdade que cheguei à beira do inferno e, às vezes, provei sua vertigem. Mas era um inferno feito por mão humana. Somos hábeis em criar o abismo, mas ele tem fundo. Fui levado a praticar a severidade como magistrado, mas não a professar o desespero para com os seres, mesmo quando parecem os mais perdidos. A existência humana nunca deixa de ser o campo do Pai, mesmo quando o joio parece invadir tudo. O homem não é apenas carne, mas a marca do Espírito. Deus desde toda a eternidade quis o homem e não o abandonou à sua noite. Em todo ser, sempre há como um

fundo de Deus... O fracasso não é decididamente a última palavra das coisas.

Concordância esplêndida de um jovem preso de Camarões e um juiz experiente da França. Sim, para ele ninguém, nunca, está longe demais, perdido demais, extraviado demais.

Confessar seu pecado: voltar a Jesus sem pecado

Se confessarmos os nossos pecados,
Deus é fiel e justo para nos perdoar
e nos purificar de toda culpa.
(1Jo 1,9)

O bandido santo, totalmente humilhado, *confessa* o seu pecado. "Para nós é justiça, pagamos por nossos atos". A confissão – atestado da Misericórdia que acarreta a confissão – é proclamação de nossa miséria. Confesso não somente que sou pecador, mas também que de fato pequei.

Senão, como Jesus poderia perdoar-me, ajudar-me a erradicar as raízes desses pecados?

Se estiveres doente e não quiseres dizer ao médico os sintomas do mal que sentes, como queres que ele te ajude?[10]

Confessar os pecados é um ato essencial para permitir o perdão. A tendência natural é, sempre, de minimizar o pecado, relativizá-lo.[11]

Certamente, muitas circunstâncias atenuam a sua gravidade, condicionamentos complexos a explicam, feridas profundas (sobretudo da infância) diminuem grandemente a culpa. Certamente, no mais das vezes sou mais vítima do que culpado (sem dúvida, na vida do ladrão crucificado se encontrariam muitos acontecimentos que explicavam os seus crimes).

Mas devo ter a coragem, a franqueza, a retidão de assumir a responsabilidade dos meus atos. Mesmo se as circunstâncias me levaram, as situações me condiciona-

---

[10] Santo Agostinho, *Ev. Jo. 12,13*; São Jerônimo, *Eccl. 10,11*; em CIC 1456-1458.

[11] "Reconhecer as suas faltas consiste em pôr à luz a intenção que há por trás e nos diversos atos que realizamos. Isso pede a coragem de reconhecer que se exerceu a própria liberdade no mal. Isso impõe que a pessoa entre em si mesma para deixar a evidência falar: nossas escolhas más não passam ao lado de nós, não existem diante de nós; não vêm a nós como acontecimentos nos quais não estaríamos implicados. Nossas escolhas perversas, enquanto perversas, nascem em nós, unicamente em nós" (João Paulo II, 14 de março de 1984).

ram, sempre resta uma parte deixada à minha liberdade pessoal. Eu não sou um boneco, ou uma marionete manipulada pelos outros. Trata-se de um pecado; há sempre aquele momento em que, duma maneira ou doutra, eu consinto. Mesmo que seja apenas por fraqueza.

Como o profeta Natã acusou o rei Davi, minha consciência me acusa: "Esse homem és tu!". Não nego, não discuto, não me justifico, não jogo a falta sobre os outros. Reconheço. Digo: é verdade. Sem rodeios, sem tardar. Sem me esconder, sem me ocultar.

Então nunca tenho vergonha, nunca tenho medo. Ter medo de quê? Ter vergonha de quê? Não estás diante de um tribunal que te condenará. Não estás diante de um juiz que te castigará. Estás diante de teu Salvador em pessoa, que não veio julgar, mas salvar, quer dizer, cuidar e curar.

Estás diante do teu médico, mostras a ele as tuas feridas. Estás diante do mais doce dos filhos nascidos de mulher. Estás diante da misericórdia, da compaixão em pessoa.

A humildade, vacina número um contra o mais mortal dos venenos

O vírus fontal que infectou toda a humanidade foi decodificado: *orgulho*. Nada mais. Todos os outros micróbios nascem dele: ódio, inveja, poder. As guerras sob todas as suas formas têm origem aí. Ser invejoso, rancoroso, ter desprezo pelo outro, olhá-lo de cima, humilhá-lo, feri-lo ou simplesmente desvalorizá-lo, subestimá-lo, marginalizá-lo; na raiz de tudo isso está o orgulho, e nada mais que o orgulho.

O que provocou a revolta de Lúcifer: a perspectiva de cair de joelhos diante de um embrião, adorando-o como seu Deus: "Isso não, nunca!". E a resposta de Deus vai ser exatamente fazer-se... zigoto. Para o veneno satânico, a vacina da humildade divina.

"Que se fará pequeno como esta criancinha" que eu fui e sou sempre! Se o orgulho fechou o portão do paraíso com duas voltas na fechadura, a humildade é a chave que o abre de par em par. Se o orgulho engendra todos os sofrimentos, a humildade é o caminho de toda a felicidade: "Felizes os pobres, os pequenos, os humildes, os mansos (*anawim*), o reino já está neles, e já reinam sobre a terra recebida em herança". Nada aterroriza tanto Satã como um ato de humildade. Porque isso lhe lembra o ato de humildade prototípico: Deus menino! Isso é intolerável para ele.

Por isso uma confissão[12] humilde de nossa condição de pecador é a mais fantástica vitória possível

[12] A palavra confissão tem conotações negativas, lembrando as confissões forçadas dos tribunais populares ou os júris falsificados.

sobre o demônio. Nossa arma número um. Sim, a única vacina cem por cento eficaz contra o mais mortal dos venenos.

A confissão humilde é o químio-perdão, a Ágape-terapia que, sessão após sessão, acaba destruindo a sujeira da metástase.[13]

> "Não resgato as faltas, mas os culpados.
> Não apago do mundo os culpados, mas as faltas"
>
> (Vladimir Ghika).

Paradoxalmente, ao mesmo tempo se assiste a verdadeiras confissões públicas, confidências mais íntimas, sem pudor algum expostos na televisão, ou no divã do psicanalista, como se fosse uma necessidade humana irreprimível. "Se nada é mais degradante para a pessoa humana que ver arrancar de si uma confissão, nada é mais libertador que uma confissão livremente expressa" (Mons. Guy Bagnard, Ars).

[13] Ver o que escrevi em *Ton corps fait pour l'amour*, Le Sarment, 1985.

Um só olhar basta

Jesus olhou para ele e o amou.
(Mc 10,21)

Voltando-se, o Senhor olhou para Pedro.
(Lc 22,61)

Como nosso corpo pode ser agradável a Deus?
Quando nossos olhos têm um olhar cheio de ternura.
Aquele cujo olhar é manso, será perdoado.
(Gregório de Palamas, ortodoxo, século XV)

Você não leu nos meus olhos?

Entre a luz e o bandido, entre o santo e o assassino, entre o Salvador e o pecador, tudo aconteceu num jogo de olhares. O que converteu o coração do *bom ladrão*? A mansidão infinita que irradiava dos olhos de Jesus postos nele? Sim, bastou um só olhar, um simples olhar... Mas... que olhar! Como ninguém nunca olhara.

Olha-os de novo: estão lado a lado, mas cada um vem de uma margem oposta à outra. Um traz o céu, o outro, um inferno. Os olhos são duas galáxias diferentes. A distância é intransponível? Quantos anos-luz serão necessários para transpô-la?

Mais ofuscante que a luz é o olhar do Amor. Não há distância que ele não possa atravessar. O espaço de um piscar de olhos, o tempo de um grito.

Apenas uma condição: deixar-se atingir, atravessar, ferir.

E de repente, está feito: o bandido se deixa ferir pela luz. O olhar descido do céu faz com que ele volte de seu inferno. De dois países em guerra, ei-los no mesmo país: o paraíso. Um só olhar luminoso faz transpor a fronteira, faz saltar as barreiras.

A luz passou de uma cruz à outra, de uma margem à outra. Mais nenhum mar será intransponível ao Amor.

Nenhuma outra miséria fora do alcance da Misericórdia. Mais nenhum *não* definitivamente impermeável ao perdão.[14]

Penso em outros olhares de nosso Jesus...

---

[14] Uma das numerosas descobertas de gênio da *Paixão* de Mel Gibson foram as palavras do bom ladrão: "Ele ora por vocês".

Pedro ou a fonte das lágrimas irreprimíveis

Algumas horas antes, bem antes da aurora, Pedro se aquece diante de um braseiro. Está tremendo diante de uma serva: "Não, não; não conheço esse sujeito". Pouco antes do amanhecer, Jesus passa diante dele. Não pode abraçá-lo, está com as mãos atadas. Não pode falar-lhe: está amordaçado. Só pode fazer um gesto: pôr nele seus olhos imensos com a pupila dilatada por todo o horror do pecado do mundo. Esse pecado que ele contemplou – sobressaltado até ser esmagado – no Getsêmani. Mas esse olhar é de uma tal intensidade, de uma tal mansidão, de uma tal ternura, que as lágrimas brotam dos olhos de Pedro. Seu coração amargo se torna fonte doce.

A adúltera ou a mulher libertada

Uma moça foi surpreendida em adultério com um rapaz. É preciso apedrejá-la. Lei é lei.[15] Ela está

---

[15] A lei! como esquecer que ainda hoje, nos regimes islâmicos duros (Nigéria do Norte, Sudão, Arábia Saudita etc.) onde é aplicada a terrível *chária*, continua-se a apedrejar essas mulheres até a morte. Sem nunca pegar os homens, os primeiros responsáveis. Recentemente, na Nigéria, um bispo propôs-se a ser linchado no lugar de uma delas.

aterrorizada com a idéia de que Jesus vai condená-la. Mas ele – atitude de gênio! – volta à situação do Todo ao todo: remete os homens aos seus pecados. Suscita neles a vergonha, eles que estão ao ponto de linchá-la. Um depois do outro, eles se retiram (tocados ou irritados?). A começar pelos mais velhos, que são admirados por sua lucidez humilde. Pensa Jesus no rapaz, que é cúmplice, senão o primeiro culpado?

Ela treme. Não é ele o único que poderia jogar a primeira pedra?

Eis os dois sozinhos: o Homem e a mulher. O Inocente e a culpada. O Salvador e a pecadora. A Luz e a adúltera. A Misericórdia e a miséria. O Todo Puro e a sujeira.

Até então, Jesus tinha os olhos abaixados para não humilhá-la, para não somar-se aos olhares duros e menosprezantes de todos. Agora ele coloca sobre ela o seu olhar, beijo de amor! O primeiro olhar, verdadeiro, puro, jamais lançado sobre ela.

À luz desses olhos ela, por sua vez, ousou olhá-lo. Olhos nos olhos, eles se olham, Deus e a mulher. Eles se amam!

Jesus leva vantagem: nem uma censura.[16] Nenhuma observação. Nenhuma punição. Nenhuma admoestação. Simplesmente uma suave exortação: "Não peques mais". Ele não condena a mulher, mas não justifica o seu pecado. Ele protege a mulher, mas estigmatiza o seu pecado. Tem horror ao pecado, esse pecado que aliena o pecador; mas ama o pecador. De seu pecado ele liberta a mulher.

E seus acusadores poderiam exclamar: "Como ele a ama!". Sim, com amor ele a ama. Com ternura ele a ama. Ela está confusa, mas deslumbrada.

Daniel salvara a inocente, acusada de adultério (Dn 13). Aqui, o Inocente salva a culpada. (E chegará a tomar o lugar da culpada para salvar o homem culpado!) Jesus venceu essa parada: conciliar rigor e mansidão, exigência e misericórdia. A exigência sem a misericórdia para os outros é farisaísmo. Para si, é a culpa. A misericórdia sem exigência para os outros é cumplicidade; para si, irresponsabilidade. Sim, a misericórdia ousa crer que a miséria não é fatal, ousa

---

[16] "Quem responderá à verdade? Quem responderá à sabedoria? Quem responderá à justiça? Depois da voz da justiça, a da mansidão. Depois de ter rebatido os seus adversários pela voz da justiça, ele levanta para ela os olhos da misericórdia. Levou condenação, mas contra o pecado, não contra o homem" (Santo Agostinho).

exigir do pecador que não peque mais.[17] Ele torna a *culpada* de pecado *culpada* de santidade.

Que nos seja dado detestar o pecado, que é a morte da alma, mas amar-nos como pecadores, amar-nos até querer ser libertados do pecado. Até querer tornar-nos nós mesmos!

A prostituída ou a ternura restituída

Outro encontro, outro olhar: uma mulher prostitui-se na cidade de Mágdala, à beira do lago.[18] Em pleno jantar mundano, na casa de um fariseu de alta posição social, ela desafia os olhares de desprezo. Ela desliza por trás de Jesus. Soluça. Quer lavar os pés de Jesus. Com que água? Suas lágrimas quentes! A toalha para enxugá-los? Seus longos cabelos! Seu frasco de perfume? Ela o quebra. Ela faz nele uma unção penetrante. E cúmulo do cúmulo, ela não cessa de cobrir esses mesmos pés... com beijos! Escândalo! É provocação, sedução! Ela está atrás de um programa! Em público e caro! Essa mulher, que ousa tocá-lo, é

---

[17] Segundo Alain Bandelier, *Famille chrétienne*, 30 de maio de 1995.

[18] Tive a graça de escrever isto em Mágdala, no dia 6 de fevereiro de 2002.

uma pecadora pública! E ele tem a audácia de deixar que ela o faça! De duas uma: ou ele é profeta e sabe quem ela é, mas então como ousa deixar-se manipular assim? Ou não sabe e então é apenas um *rabi* ordinário, como os outros, ou – quem sabe? – está de cumplicidade com essa prostituta... (Lc 7,36-50).[19]

Jesus faz pouco do que vão dizer. Prefere ser julgado, desprezado e rejeitado pelos convivas a ser julgado, desprezado e rejeitado por essa mulher. Os olhares deles não o abalam. A dureza deles não o paralisa. Suas calúnias não o atingem. Esta simplicidade faz desabar. Esta confiança o toca no mais profundo.

Ela o adivinhou no seu único olhar: a multidão de seus pecados é perdoada de uma vez! De repente ela está livre de seus demônios. Pois ela mostrou tanto amor para agradecer um tal Amor. Suas lágrimas são de alegria e de agradecimento infinito: novo nascimento.

Mas também (as duas coisas são verdadeiras) porque ela dá testemunho de tanto amor, então todas as suas manchas são purificadas. Seu primeiro gesto, o de ousar aproximar-se sem medo e sem vergonha

---

[19] "A pecadora lavou a poeira que estava nos pés de Jesus e ele, por suas palavras, branqueou as cicatrizes de sua carne" (Santo Efrém).

(ainda que tremendo) bastou para desencadear o perdão. E este desencadeou os gestos de delicadeza tão pura. Tudo se decidiu numa troca de olhares. Nos olhos dela Jesus leu o *arrependimento*; dos olhos dele ela recebeu a *esperança*. Nos olhos dela ele viu a alma tão bela; nos olhos dele ela soube que estava perdoada, quer dizer, novamente gerada.

Teresinha quis fazer mentir o seguinte adágio: "A quem se perdoa menos se ama menos". Ela descobriu que fora "perdoada por antecipação". "A mim Jesus perdoou mais do que à santa Madalena, pois perdoou-me por antecipação, impedindo que eu caísse." Ela inventa a parábola do Pai e os dois filhos. O primeiro caiu numa pedra e o pai cuida dele. Para o segundo, o pai foi primeiro tirar a pedra para que ele não caísse nela. Se o segundo souber disso, qual não será o seu amor![20] "Pois bem, eu sou esse filho, objeto do amor previdente do Pai... Ele quer que eu o ame porque perdoou-me, não muito, mas tudo."[21]

---

[20] Esta história de Santa Teresinha está em *Oeuvres complètes*, Cerf/ DDB, 1996, *Manuscrit* A, pp. 38-49.

[21] "Eu me canso antes de ofendê-lo, que ele de perdoar-me. O tesouro de suas misericórdias não podem esgotar-se; não nos cansemos de recebê-los" (Teresa de Ávila).

Esse mesmo olhar sobre mim hoje

Resumo: *Míriam de Mágdala* pressentiu esse olhar antes de qualquer palavra. Esse olhar projetou um feixe de luz na noite de Judas. Nos olhos de Pedro, esse olhar desencadeou a fonte das lágrimas. Esse olhar fez o bandido oscilar de um mundo ao outro. Esse olhar – não outro – agora é posto sobre *ti*.

João, o vidente, não disse que os seus olhos eram chamas ardentes (Ap 1,14)? Queres então ficar no claro? No claro de seus olhos. Qual feixe de luz, ele varre tuas profundezas como o mais possante dos projetores.

O vórtice do teu coração se tornará abismo de luz. Pois "mais profundo que o abismo da separação é o do amor" (Olivier Clément). Diante desse abismo, nenhuma vertigem.

Por que lembrar aqui esses encontros, cada um marcado por um indizível jogo de olhares? Porque, a cada confissão, eles são revividos, atualizados para ti, para mim. Mas de maneira cada vez nova e única, certamente!

Sim, é a "confissão" diferente dessas trocas de olhares – únicas no mundo?

Ver-me dentro do olhar de Deus

O olhar de Deus sobre mim não vê o mal e o pecado. Não tem nenhuma idéia dele!

Ele não fecha os olhos sobre o pecado? Jesus não tem os olhos vendados, que o impedem de ver os rostos dos que o insultam, flagelam e o vaiam?

Como então poderia ver o mal no rosto, visto que um único olhar de criança faz fugir o demônio (Teresa) e dissipa as trevas do mal?

Em mim ele vê apenas essa bondade, essa luz, essa profundeza que ele mesmo deu. Ele só reconhece o mal ao constatar as carências (não as feridas) no amor, as faltas (não as sombras) na luz, os buracos (não as manchas) na bondade.

A confissão é o momento bendito em que Deus me empresta o seu próprio olhar sobre mim. Eu me vejo assim como Deus me vê. Como as crianças de Fátima, que, nos raios que saíam das mãos da Rainha, viam tudo em fogo: moitas ardentes onde Deus flameja. Eles vêem a verdadeira realidade deles. Contemplam-se em Deus.[22]

---

[22] Esta é a intuição extraordinária de meu amigo João Miguel: "No coração de Deus, existimos sem consideração alguma de nosso pecado. O que nós chamamos de perdão de Deus é o momento

Esse olhar de Jesus posto sobre ti arranca-te de teu próprio olhar fixo em teu umbigo: sempre te vês negativamente, desprezando-te, subestimando-te, desgostoso de ti mesmo. O olhar de Jesus te contempla no desejo do seu amor. Olhar cego para o mal, porque é inocente. Olhar que vê em ti apenas o reflexo de sua santidade, por mais empanada que esteja, que vê apenas o ícone de seu Filho, por mais velado que esteja. Olhar que faz você existir, que revela o melhor de ti mesmo. E te concede, enfim, exclamar: "Que maravilha sou eu! Maravilha maior ainda que me torno!".

Confessar-me com duas mulheres

"Junto à cruz estavam de pé sua mãe... e Maria Madalena" (Jo 19,25).

Vem e vê Jesus, primeiro voltado para os que o crucificam, depois para aqueles que parecem mais longe dele. Volta-se agora para aqueles que sempre fo-

---

em que a realidade do que somos para Deus penetra em nós e aí persegue o mal por sua própria plenitude... Deus não faz a contabilidade de nossas faltas. Ele nos põe em contato incandescente com seu amor, que nos faz existir, assim como quer que sejamos" (J-M. Garrigues, *Dieu sans idée du mal*, Critérion, p. 71).

ram íntimos seus, esse pequeno grupo em torno da cruz, fiéis dentre os fiéis.[23]

Olha as duas *Marias*, a de *Nazaré* e a de *Mágdala*. Aquela que, antecipadamente, foi perdoada para nunca cair. E a que, após a sua queda, levantou-se de novo. Todas as duas – uma antecipadamente, a outra depois – são filhas de seu sangue, quer dizer, de seu amor.

Misteriosa conivência entre elas: a imaculada e a maculada. A ternura em pessoa e a pecadora por excelência...

Ao ver a beleza de Maria de Nazaré, como que transmitida a Maria de Mágdala, Jesus compreende que vale a pena derramar seu sangue. Que não será esterilizado. Que dará inumeráveis frutos. O bom ladrão, Míriam de Mágdala, eis os dois primeiros frutos visíveis de seu sangue derramado. Um homem, uma mulher! Um assassino, uma prostituta! Todos os dois santos! Jesus pode dizer a Míriam de Mágdala: "Como és bela, minha noiva! No teu rosto vejo a face da Imaculada...".

---

[23] Não se pode esquecer a maneira como Mel Gibson permite que vivamos a pavorosa paixão com os olhos e o coração de Maria. Sem a sua terna, ardente e mansa presença, isso seria insustentável!

Eu te dou a minha mãe (Jo 19,26-27)

Para nos conduzir a esse encontro, há alguém muito competente como pessoa. Uma jovem, uma mãe.

Seria a Imaculada de outra espécie que não dos pecadores, de outro planeta, inacessível, perdida em sua torre de marfim, desligada do comum dos mortais? Ó mãe do pecador que eu sou, tu podes ser imaculada *porque* és toda misericórdia antecipadamente.

Sem desagradar os canonistas, é com essa mulher ao meu lado que me confesso. Convoco-a cada vez para o encontro. Sem ela, como arriscar-me a acolher um ser em sua intimidade mais íntima? Falta-me muito tato, escuta e delicadeza. Minha ternura corre o risco de ser humana. E em tal momento, é preciso que ela seja divina. É preciso que o mais pobre se sinta acolhido, escutado pelo próprio Jesus. E quem a acolheu, escutou melhor que sua própria mãe?

Não foi também ela que, suavemente, preparou o terreno?

> "Quando vou confessar-me, sei que o padre não está à altura para ser um diretor espiritual perfeito de um jovem desesperado. Imagina-se que um filho desesperado só acontece com jovens de dezesseis, dezoito anos. Eu tenho apenas treze, e me consideram como um

menino de seis. Percebo quanto sou fraco, incapaz, pecador, lixo, dejeto, detrito. Mas uma coisa me impede de dizer que estou perdido, é a Virgem" (Bruno).

"Aos doze anos, eu pensava que só o sexo dava prazer ao humano, por isso sonhava ser prostituída... Deixava-me ser arrastada pela onda, insensível à vida, às estações que passavam. Como num subterrâneo sem luz nem alegria... Não sabia que o que eu fazia era mal. Mas pedia muito *freqüentemente a Maria.* Com Maria, toda pecadora que sou, logo ia repousar no Coração de Jesus quando estava mal. Chorei, chorei, e *Maria abafava meu choro* apertando-me sobre o seu coração" (Sílvia).

"Neste momento, vivencio isto: *sou infinitamente mais amada do que sou pecadora.* Eu te garanto que, a cada instante, sou infiel a Cristo, consciente ou inconscientemente, porque é minha realidade de pecador. Mas tenho a audácia de olhar de novo para o Amor dos Três e esperar tudo. É a *Virgem Maria* que me dá esta audácia, é a minha Teresinha do Menino Jesus.
Sei que o Amor, quando é profundo e verdadeiro, se cala. O amor não se conta, não se faz, não se torna mercadoria, vive-se. Quero viver a realidade do Amor pelo sofrimento, no silêncio. Quero derramar o sangue de meu coração e o sangue de meu corpo para o amor dos irmãos e, por isso, do Pai. Quero mostrar que a realidade do amor é mais forte do que a da morte" (Chanterelle, 18 anos).

Em sua glória, pegar-me desfigurado

Olharam para aquele que traspassaram.
(Zc 12,10)

Sela meu coração em tua face,
sela meu coração sob tua misericórdia,
ó Deus de meu coração!
(Balduíno de Ford, cisterciense de século XII)

É impossível pedir perdão sem primeiro compreender quanto o pecado fere o próprio Coração do Pai. Mas isso também é impossível de captar sem ser captado pela *glória* do Amor, a própria *glória* de Deus.

Quanto mais luz há numa sala, mais se distinguem aí as sujeiras. Posso até ver num raio de sol, esvoaçando, os pequenos grãos de poeira que respiro.

Assim, os santos sentem uma tal necessidade de perdão. A menor indelicadeza, a menor infidelidade lhes parecem enormes pecados, vistos na luz de Deus.

Não consigo explicar de outro modo que um santo como João Paulo II, uma santa como Madre Teresa, se confessavam não somente cada semana, mas em certos momentos pelo menos, cada... dia! Aqueles que têm menos necessidade são os que se confessam mais.

Quando Pedro cai de joelhos no fundo do barco, ele grita: "Afasta-te de mim, que sou pecador" (Lc 5,8). Por quê? Porque ele acaba de ver o poder de Jesus no milagre da pesca. Quando o profeta Isaías grita no templo: "Ai de mim, que sou um homem de lábios impuros", é porque acaba de ouvir os querubins cantarem a santidade de Deus (Is 6,5). Um deles vem então purificar seus lábios com uma brasa.

O perdão de Deus é uma brasa. Fogo que consome nossos pecados no braseiro de seu Coração!

Em sentido inverso, é contemplando não sua glória e seu poder, mas sua bondade através de suas *feridas* e seu *rosto desfigurado*,[24] que percebo até que ponto o pecado me fere, o mal me desfigura, a infidelidade me suja.

Aquele que desvela o pecado não é o mesmo que o cura? Não é o mesmo médico que faz o diagnóstico e dá o tratamento?

---

[24] No filme de Mel Gibson se percebe cruamente que Deus desceu até as salas das torturas.

Esse rosto seria o *lugar* do meu, a sua face oculta e o seu lugar de origem?

Era o meu próprio rosto que me era devolvido? Teria sido oferecido aos ultrajes se o passar dos séculos não tivesse, em mim, escurecido o seu ícone muito semelhante? Mas ter-nos-iam confiado o Ícone dos ícones (o Santo), se meus traços não devessem ser restaurados, assim como saí das mãos do Iconógrafo? Isto não é mais belo ainda?

Rosto desfeito porque a Face de Deus em mim foi saqueada. Mas rosto de um esplendor infinito: uma beleza infinita me é oferecida. Reconheço-me culpado por todos, renasço capaz de Deus. Sinto-me desfigurado, pressinto-me transfigurado.

Suas feridas me dizem o que fiz de sua vida. Sua aura anuncia-me o que ele fará da minha. Rosto de homem: aquele que eu lhe dei. Rosto de Deus: aquele que ele prepara para mim. *Eis o homem*: assim como o vendeste, assim como te será devolvido. Eis o homem devolvido ao seu rosto: o de hoje e, já, o de amanhã.

Ó Face, "a salvação da minha face!" (Sl 42,6). Rosto onde tudo se cala, rosto onde tudo se escuta. Rosto oceano de silêncio, rosto eco de uma palavra: Eu sou você!

E vejo este grande corpo recortado cujo rosto é o segredo. Cada ferida, cada contusão, cada chaga aberta passa a interrogar-me (Is 1,5 e Jr 7,19).

Esses grandes traços de uma paixão teriam sido marcados para denunciar as feridas de minhas paixões? Na esperança de me curar delas, eu as teria acolhido?

Esses pecados que matam a graça e esses pecados que a paralisam

A Igreja católica sempre lutou para salvar esta verdade absoluta: sendo a misericórdia infinita, não há crime que não possa ser perdoado (alguns pretenderam que o homicídio, a idolatria e o adultério eram absolutamente irremissíveis). E se o pecado contra o Espírito Santo, de que fala Jesus, não pode ser perdoado, é porque consiste precisamente na recusa tanto de ser perdoado como de perdoar. Sendo o próprio Espírito o Perdão, o perdão nunca pode ser imposto.

Mas na imensa gama de pecados de todas as espécies, existem duas grandes categorias: os que matam a graça em nós, nos afastam de Deus – são os *pecados mortais*; e os que não atingem diretamente nossa orientação fundamental para o Senhor – os *pecados veniais* (leves). Os primeiros destroem a caridade, os segundos a ferem. Jesus distinguia entre a trave e a palha.[25] São João diz:

> Se alguém vê o seu irmão cometer um pecado que não leva à morte, ore e alcançará a vida (para os que cometem pecados que não levam à morte, pois há pecado que leva à morte, mas não é por este que digo que se ore). Toda injustiça é pecado, mas há pecado que não leva à morte (1Jo 5,16-17).

João Paulo II: "É pecado mortal todo pecado que tem por objeto uma matéria grave e que é cometido com pleno conhecimento e com propósito deliberado". Portanto, é preciso haver uma *vontade livre* e uma *consciência lúcida* de seu ato.

Mas certos pecados são intrinsecamente graves quanto à sua matéria:

> São sempre e em si, quer dizer, em razão de seu próprio objeto, independentemente das intenções ulte-

[25] Esta é uma anedota do padre Emiliano Tardif: "No Alasca, um padre amigo tinha um dilema: seu confrade mais próximo ficava a duas horas de vôo. Se eu tiver um pecado mortal, devo ir, mas de avião corro o risco de um acidente mortal. Se forem apenas veniais, um bilhete está bom"... e conclui: "Vocês não têm este dilema, não hesitem". Uma vez Emiliano foi parado por excesso de velocidade. À queima-roupa ele perguntou ao policial: "Sou padre, você quer confessar-se?". "Vai, circula!"

> riores de quem age e das circunstâncias. Por isso, sem negar absolutamente a influência que as circunstâncias e sobretudo as intenções exercem sobre a moralidade, há atos que *por si mesmos* e *em si mesmos* são sempre gravemente ilícitos, em razão de seu objeto (*Veritatis splendor*, 159).

Pensa-se em atos como matar (inclusive provocar aborto e eutanásia).

> Se este estado [de graça] não for recuperado mediante o arrependimento e o perdão de Deus, [o pecado mortal] causa a exclusão do Reino de Cristo e a morte eterna no inferno, já que nossa liberdade tem o poder de fazer opções para sempre, sem regresso (CIC 1861).

Esses pecados nos desviam de Deus, *ipso facto* nos fazem perder Deus... falhar em nosso destino celeste. Frustam a graça em nós, privam-nos da Glória. É preciso levá-los muito a sério.

Em si, só os pecados mortais devem ser absolutamente confessados pessoalmente.[26] Os veniais podem ser perdoados também por:

---

[26] Em casos de multidão imensa, se não houver padres suficientes, basta que só se confessem os que cometeram pecados de primeira grandeza, a fim de que o máximo de pessoas possa confessar-se. Para os outros, insistir na contrição durante o rito penitencial em preparação para a Eucaristia.

– Oração amorosa em nome de Jesus, onde duas palavras estão ligadas: Senhor/pecador. “Filhinhos, vossos pecados foram perdoados pelo Nome de Jesus” (1Jo 2,12).

– Toda oração assídua: “A oração dará vida” (Tg 5,15).

– Louvor: “Eu o curarei... Farei brotar o louvor dos seus lábios” (Is 57,17.18).[27]

– Pequenos e grandes sacrifícios livremente oferecidos.

– Atos de verdadeira caridade divina, sobretudo a esmola, pois “ela cobre uma multidão de pecados (1Pd 4,8).[28]

---

[27] “O louvor é, por excelência, o antipecado. O pecado-mãe é a recusa em glorificar a Deus e lhe dar graças; o contrário do pecado é o louvor. O louvor imola e destrói o orgulho do homem. Quem louva a Deus lhe sacrifica a vítima mais agradável que existe: sua própria glória. No louvor se esconde a humildade. Nisso reside o extraordinário poder purificador do louvor” (Raniero Cantalamessa, *La vie dans la Seigneurie du Christ*, Paris, Cerf, 2001. p. 145).

[28] “Dado que é pelo fervor da caridade que os pecados veniais são remidos, tudo o que tende a excitar o fervor da Caridade pode causar a remissão dos pecados veniais” (Tomás de Aquino, *De malo*, q. 7, a2).

– Acima de tudo, participação fervorosa na Eucaristia.[29]

Mas é altamente preferível viver uma confissão pessoal para meus pecados veniais e mesmo para minhas infidelidades contra o Amor. Acrescentando a isso os atos de caridade e, sobretudo, a santa Missa. É um caminho fantástico de santidade, de intimidade. Mas, então, não se vai por obrigação, medo ou coação, mas verdadeiramente por amor à pessoa de Jesus, impelido por um desejo apaixonado de crescer em vida divina. Então, cada vez é uma alegria!

> "Quando Maria Madalena amou Jesus, ela parou de pecar. Ele me ama e eu o amo, mas continuo minha infidelidade! Nunca recusei nada, nem o que tenho, nem o que sou. Eu dou a quem pede, mas ao filho sei recusar o que lhe faz mal. Mas a ele não sei recusar o que lhe faz mal, *o que faz com que ele chore, depois, e eu chore...*
>
> Devo ser uma criança com incapacidade que é preciso carregar sempre, e quando se tenta ensiná-la a andar

---

[29] "Se cada vez que seu sangue é derramado é para a remissão dos pecados, devo sempre recebê-lo para que sempre ele perdoe os meus pecados. Eu, que sempre peco, devo sempre ter um remédio. Porque pecais cada dia, comungai cada dia" (Santo Ambrósio, *De Sacr.* 4,28). O mesmo vale para o sacramento dos enfermos (ver Tg 5,15).

sozinha, cai e chama. Reza comigo para que Jesus cure minha incapacidade e que eu seja menos um peso para ele" (Helena, 23 anos).

Que é preciso apresentar ao olhar do Senhor?

Evitar de ficar em generalidades vagas. Não se confessam tendências ou defeitos, e sim um *tal* ato concreto, preciso. Não se acusa o fato de ser pecador de maneira global, mas ter efetivamente cometido *tal* pecado preciso. Não ficar no incerto. É importante, às vezes, esquecer os pecados *por omissão*,[30] tudo o que se poderia ter feito e não foi feito: tu não me fizestes... (Mt 25,42-46; Lc 16,19-31).

Na outra extremidade, evitar ser exaustivo, dizer absolutamente *tudo*, de maneira exagerada. Ir aos pecados principais, pecados-chave. Evitar também cair no escrúpulo, verdadeira patologia espiritual.

Nunca dizer: são sempre as mesmas coisas. Tudo vira rotina. Não, não! Neste caso, por que ir ao

---

[30] "De todas as faltas de minha existência, as que pesam mais sobre a minha consciência, porque me parecem irreparáveis, são as faltas de omissão. Quantas vezes preferi calar-me a dar testemunho" (Jean Guitton, *Silence sur l'essentiel*, DDB, 1986, p. 11).

dentista, pois já tenho os dentes estragados. Ademais, nunca deveria tomar banho, pois vou sair de novo. Como eu me sentiria mal!

Mas aqui há muito mais que simplesmente lavar-se, purificar-se. Trata-se de "ter parte com Jesus", como Jesus responde a Pedro no momento do lava-pés. Trata-se de cada vez ser um pouco mais santificado, divinizado e, mesmo, glorificado!

Do remorso-morte ao arrependimento-confiança e da contrição à absolvição

Se dizemos que não temos pecado, enganamos a nós mesmos, e a verdade não está em nós.
Se confessamos os nossos pecados, Deus é fiel e justo para nos perdoar e nos purificar de toda culpa. Se dizemos que não pecamos, chamamos a Deus de mentiroso, e sua palavra não está em nós. Meus filhinhos, eu vos escrevo isto para que não pequeis. Mas se alguém pecar, temos um intercessor junto ao Pai, Jesus Cristo, o Justo. Ele é a vítima de expiação por nossos pecados. E não só pelos nossos, mas também pelos pecados de todo o mundo.
(1Jo 1,8–2,2)

Esta consciência de minha ferida provoca não o remorso, mas o arrependimento. O *remorso* conduz à *morte*. O *arrependimento* conduz à *esperança*. Judas foi atormentado por remorsos, ele morreu. Pedro chora de arrependimento, recebe uma vida nova.

Você duvida? Veja: diante de Judas, o Amor cai de joelhos. Com suas lágrimas ele lava os seus pés. Enxuga-os com os seus cabelos. Com seus lábios divinos, os beija. É ele que tem a iniciativa do beijo de Judas. Deus beija os pés do traidor antes de ser beijado por seus lábios. O Amor tem a iniciativa de beijar! Ainda não é bastante; dá o pão que se tornou seu corpo. E Judas sai. Interrompe a consagração. Brutalmente. Como beberia do cálice de Deus? Ele que já prova do cálice do demônio? Como recolheria o sangue, ele cujo cálice vai derramar esse sangue na terra? Não tinha já se apoiado no próprio anúncio do pão da vida (Jo 6,35)? Por uma razão evidente, já rondava à sua porta o espírito de morte. Decididamente, era forte demais. Por uma razão evidente, o amor é mais forte que a morte.

Recebendo nessa noite o pão da vida, é preciso que ele saia dessa sala onde brilha muita luz. Entrar na noite. Mas o Amor se dará por vencido? Continuará a persegui-lo nessa mesma noite. Penetra na noite daquele que foge. É preciso reunir-se a ele a todo custo. De noite, no jardim, a luz tem encontro com as trevas; é a hora. A luz treme à aproximação desse confronto supremo. Quando o traidor desponta, o Sacerdote se levanta. E o Sacerdote deixa que o traidor o beije: "Tu a quem ainda amo, tu a quem amo sempre, tu a quem nunca poderei cessar de amar".

Bastaria que o traidor, por um instante, olhasse seu Mestre nos olhos. O olhar do Amor sobre Judas é o mesmo que logo depois porá em Pedro. Capaz de fazer de Judas, num piscar de olhos, um grande santo.

Mas o olhar de Deus não é correspondido. Nenhuma resposta. Os olhos de Judas se desviam: seu rosto se blinda. Seu coração se eriça.

A Verdade nada pode contra a liberdade. Um olhar era sua única arma. Um olhar que se esconde diante dos muros de cimento que se erguem em seu caminho. Um olhar que se recusa a ver a recusa. Um olhar que permanece obstinadamente aberto sobre os olhos cegos. Um olhar que quer ver apenas o esplendor escondido no coração do outro. Esplendor ainda velado, mas sempre presente.

Dize-me: o Amor pode fazer outra coisa senão amar?

O crime de Judas não foi ter vendido o amor, mas tê-lo desconhecido. Tê-lo avaliado em trinta dinheiros, quando ao último dos homens ele se oferece por zero centavos: ele ama sem cálculo. Mas para um Judas que na noite se vai, milhões de Pedros vêm na luz. Judas não se julgou digno de ser amado. Pedro aceita o desafio: "Certamente que te amo!". Judas lamenta, e no abismo se joga. Pedro se arrepende e no amor se reencontra. O remorso leva à morte. O arrependimento abre para o futuro.[31]

E tu estarás do lado de Judas ou de Pedro?[32] O remorso vai vencer – levar-te – ou o arrependimento vai fazer com que partas de novo?

Pouco importa se renegaste ou traíste. Trair deveria acarretar um arrependimento mais profundo ainda, um amor mais verdadeiro ainda. Pelo menos não se mentiu àquele que ousou dizer: "Ele ama mais a quem mais foi perdoado".

O grande pecado de Judas, portanto, é não ter acreditado que Jesus podia perdoar até aquele pecado. Que não era tarde demais.[33] Que no último instante bastava um olhar de Jesus. Como o bom ladrão, Judas também teria sido canonizado e celebrado exatamente como os outros apóstolos. Em vez de pendurar-se

---

[31] "Aquele que se desespera é seu próprio assassino" (Jean de Dalyatha). "Não há nada que ofenda tanto ao bom Deus que desesperar-se de sua misericórdia" (Cura d'Ars).

[32] Mel Gibson mostra Pedro precipitando-se para Maria a fim de implorar o seu perdão, ilustrando maravilhosamente esta cena que eu imaginara em *Ton Roi livré pour toi*. Não é o que podemos fazer de melhor e o fazemos com instinto batismal após cada queda?

[33] Ver Soeur Emmanuel, *Non, Judas, il n'est pas trop tard*, Béatitudes.

na corda, ele teria tomado a corda lançada à nossa miséria: a Misericórdia![34]

Portanto, jamais pensar: "Meu pecado é grande demais". Nenhuma zona de sombra que lhe seja inacessível! Nenhuma torpeza que não possa branquear! Nenhum crime que não possa apagar! Nenhum pecado que não possa perdoar. Pois não há uma noite sem aurora.

E *Teresinha* vai além: "Mesmo que eu tenha cometido todos os crimes do mundo, ainda tenho certeza de que me faria misericórdia". Quando ela "gera" o seu assassino Pranzini, reconhece que mesmo que nenhum sinal lhe tivesse sido dado, mesmo assim ela teria certeza de que o Senhor a perdoara; ele tornou-se o primeiro de seus filhos, o primeiro de uma multidão.[35]

Mas em sentido inverso, nunca digas: De qualquer maneira ele vai perdoar-me, por isso posso "esbaldar-me" no pecado tanto quanto quiser. O seu perdão não é automático? Não, não! Pois o seu perdão depende do teu arrependimento, e nunca podes estar

---

[34] "Mamãe, vou pendurar-me a uma corda." "O quê?" "Sim, à corda da misericórdia."

[35] Ver *Thérèse l'enfant, apôtre et martyre*, "Quatorze ans seulement e déjà maman!", Fayard, 1999, p. 100s.

certo de receber a graça. Quanto mais desprezares e banalizares a misericórdia de Deus, mais abusas de sua bondade, mais imaginas que o pecado é sem importância e mais corres o risco de nunca vir jogar-te em seus braços.[36] De nunca te arrependeres.[37]

Remorso rima com morte. E a palavra vem de re-morder: uma nova mordida. E pode ser tal que a energia vigorosa é sugada, e o sono, perturbado. É um excesso de sentimento de culpa e de vergonha, que gera medo e angústia. É a amargura de não poder apagar um ato que nos mortifica e humilha, "um fantasma terrível", a culpa não se abre ao perdão. Ela se dobra sobre si. O arrependimento, ao contrário, o que nos arranca das garras desse monstro, nos faz sair de nós mesmos e nos liberta dos remorsos lancinantes.[38]

---

[36] O que dirias de uma esposa que enganasse o seu marido dizendo para si mesma: "De qualquer maneira ele vai perdoar-me, não é grave!".

[37] "À medida que o homem guarda o seu pecado dentro dele e se recusa a reconhecê-lo, este o consome e o torna triste... mas quando o homem decide confessá-lo a Deus, experimenta de novo a paz e a felicidade. [É preciso] começar imediatamente a querer e desejar arrepender-se. Querer arrepender-se já é arrepender-se" (R. Cantalamessa, *La Vie dans la Seigneurie du Christ*, p. 133).

[38] Ler os belos artigos de A.M. Guilloteau: "Les chemins du pardon" em *Famille Chrétienne*, nn. 1299 e 1300. Ver também Denis Sonnet, *La culpabilité*, Ed. Chalet. Marie de Solemne, *Innocente culpabilité*, Devry, 1998.

Chorar: uma felicidade, uma graça

A contrição e o arrependimento podem exprimir-se por lágrimas. São um dom de Deus. Os monges sempre imploraram esse carisma das "lágrimas de compunção". Até o Vaticano II, uma missa especial do missal romano mendigava essa graça. Isto diz o seu preço.[39]

Eles o choraram como se chora um primogênito! Jesus fez dele uma bem-aventurança: felizes os que choram. É dividir suas próprias lágrimas, não as de compaixão como com a família de Lázaro, mas as do domingo de Ramos, quando ele soluça sobre a sua cidade que se recusa a acolhê-lo (lágrimas comemoradas por uma capela no monte das Oliveiras). Lágrimas causadas por meu pecado, mas também pelo imenso pecado do mundo. Lágrimas que Deus chorou sobre nosso rosto humano. Não atravessou cada uma das minhas lágrimas os olhos de Jesus? Por serem santificadas, divinizadas na sua face, minhas lágrimas brilham como diamantes.

Mas podem ser lágrimas totalmente interiores, as do Espírito em nós. Lágrimas de fogo, diz Catarina de Sena.

---

[39] "Certas flores só brotam lá onde caíram lágrimas" (Mons. Vladimir Ghyka).

A tristeza de que os mestres falam, a tristeza que produz a alegria, entra nas nossas vidas pela porta estreita do arrependimento. A primeira forma de tristeza que recebe a promessa do consolo é a que chora seus próprios pecados, não por os lamentar, não pela decepção sofrida, mas porque o coração encontrou aquele que perdoa.

"E saindo para fora, Pedro chorou amargamente" (Lc 22,62). Eis as lágrimas que dão vida! Eis as lágrimas que deixam no coração uma felicidade indescritível. Estas lágrimas são como um novo nascimento. Quem fez a experiência delas o confirmará. E poderá subscrever o que santo Efrém, o Sírio, disse: "Um rosto inundado de lágrimas é de uma beleza incomparável". São lágrimas que trazem felicidade.

Essas lágrimas trazem nelas o consolo prometido. Com uma condição, porém: que sejam provocadas por um olhar novo sobre o real, que elas brotem da acolhida da verdade.

O arrependimento está sempre ligado ao reconhecimento da verdade; é o fim das evasivas, das falsas aparências, das desculpas falsas. Restitui-nos à realidade, restabelece-nos na verdade...

A bem-aventurança dos aflitos rompe um círculo vicioso. Promete consolo e alegria a quem quer que cesse de acusar o outro e comece a acusar-se a si mesmo. A aflição sobre nossos próprios pecados, sobre nossa miséria de pecadores, nos permite sair das ilusões que fazemos sobre nos mesmos e sobre o mundo. O arrependimento, o coração contrito, permite ver nossa condição humana numa luz clara e viva.[40]

Um garoto de dez anos se aproxima. Durante um longo tempo fica silencioso. Não ouso nem apressá-lo, nem interrogá-lo. De repente ele levanta a cabeça:
– Padre, o senhor conhece o Himalaia?
– Sim, claro. Não é uma cadeia de montanhas muito alta?
– Sim, veja, meus pecados formam uma montanha mais alta ainda que o Himalaia.
E põe-se a derramar suavemente grossas lágrimas, tão belas, e me declara:
– Tenho tantos pecados, padre, que não posso confessá-los; posso apenas chorá-los.[41]

Penitência, satisfação, reparação: a minha participação

É necessário para esta contrição:

– *Exprimi-la* por uma oração. O melhor é improvisar uma oração, que venha do fundo do coração. Senão, o ritual propõe orações diferentes nas quais se

---

[40] Cardeal Christophe Schönborn, Notre-Dame de Paris, 14 de março de 2004.

[41] Thierry de Roucy, *Feu et lumière*, n. 169.

pode inspirar. O essencial é manifestar a nossa vontade de fazer tudo para não ferir mais o Senhor e o nosso desejo de fazer penitência.

– Mostrar que tenho também de me *empenhar pessoalmente* para levar uma vida renovada. As chamadas "penitências" podem ser oração, mas, sobretudo, fazer caridade e, portanto, serviço aos outros, dedicação, dom de si. Elas deveriam ter uma certa relação com os pecados perdoados. Um tempo de adoração prolongado para a falta de amor à Eucaristia. Para o egoísmo, cuidar de, ou pelo menos visitar um doente, uma pessoa com necessidades. Sorriso para minha tristeza. Jejum para minha gula. Privar-me da televisão ou da Internet se estou intoxicado delas, renunciar ao tabaco ou ao álcool se sou dependente deles. Respeitar escrupulosamente o código de trânsito, se falhei contra ele (fazer 80 quilômetros, em vez dos 90 permitidos, para compensar os 110 do outro dia). Para minha avareza, dar com generosidade. Dar uma atenção delicada, por ter magoado alguém etc.

Outra coisa:

> Somos solidários com os outros, mesmo com os desconhecidos e com o universo. Há uma misteriosa solidariedade nas conseqüências do pecado. Meu pecado não me deixa intacto, não deixa os outros intactos. Não deixa o universo intacto. Quando o perdão de

Deus me foi dado, devo reparar as conseqüências, restabelecer o equilíbrio, excluir a desordem criada em mim, na humanidade, no universo.[42]

Até visivelmente, há maus exemplos que posso dar, que correm o risco de gerar nos outros (sobretudo entre as crianças) comportamentos semelhantes. E não é por encantamento que esse encadeamento pode ser rompido.

Há também os *deveres de justiça* para reparar ao máximo um pecado que lesou a outrem. Um roubo deve ser imperativamente restituído ao máximo, mesmo que discretamente.[43] Uma calúnia deve absolutamente ser corrigida junto a todos a quem a difundi. Uma maledicência não consertada faz muito mal. Tentar pedir perdão à pessoa.[44] Descobrir o meio de

---

[42] Mons. Bouchex, *Sur les indulgences*, Avignon, março de 2000.

[43] Santo Agostinho compara este "segundo tempo" ao cego (Mc 8,25) que não vê claro e nítido ao ser curado e precisa de uma segunda intervenção do Senhor. Em Salvador da Bahia, na favela de Esperança, Martinho, jovem delinqüente, converteu-se. Ele visitou todos os que tinha roubado. Não pode restituir nada, mas pede perdão a cada um. Quando é batizado, implora ainda publicamente o perdão de toda a assembléia antes de morrer de Aids três semanas mais tarde, em odor de santidade.

[44] É conhecida a história de são Filipe Néri que mandou uma penitente depenar um frango na rua e, alguns dias depois, recolher as penas... que nesse meio tempo foram levadas pelo vento...

dizer o máximo de bem. Implorar o perdão de quem humilhei, magoei etc.

Lembra-te da solução genial de Zaqueu: "Senhor, vou dar a metade dos meus bens aos pobres e, se em alguma coisa prejudiquei alguém, vou restituir quatro vezes mais" (Lc 19,8). Para escolher essa penitência, é bom procurá-la *juntos*, sacerdote e penitente: o que achas mais apropriado, tendo em vista o que o Senhor acaba de dar-te? Mas esta "penitência" pode também ser um hino de ação de graças, de agradecimento apaixonado ao Senhor pelo dom sem nome de seu perdão.

Celebração litúrgica do sacerdote e do penitente

A *matéria* do sacramento é a contrição, como a água é no batismo, pão e vinho na Eucaristia. Sua condição *sine qua non*. Sem ela, não há perdão dado. (O batismo não implica esta participação ativa e consciente da pessoa.)

A *forma* do sacramento, sem a qual também não há pecado remido, é a *absolvição* dada só pelo sacerdote. Quer dizer, a sinergia, a inseparável colaboração entre o penitente e o sacerdote. Eles agem *juntos. Concelebram.*[45]

Assim, "o pecador contrito participa da própria constituição do sacerdócio do qual se torna não apenas o beneficiário, mas o verdadeiro celebrante".[46] Quão grande, então, a tua dignidade! És o liturgo desta liturgia da misericórdia. "Deus criou-te sem ti, ele não te justificará sem ti" (santo Agostinho).

A *absolvição*, como uma espada afiada, *corta* com um só golpe para *separar* o pecador do pecado, libertar o pecador de seu pecado. Pois o pecador nunca deve ser confundido com o seu pecado, menos ainda ser identificado com ele. O homem nunca pode ser reduzido aos seus atos. Ele é sempre infinitamente maior, mais belo, mais divino! Isso não cessa de maravilhar nosso Salvador.

Finalmente, quatro palavras sintetizam este sacramento: *contrição, confissão, reparação* e *absolvição*. As três primeiras são parte tua; a última, do sacerdote. E três virtudes teologais se abrem para nós "a *fé* que nos descobre Deus presente no sacerdote; a *esperança*,

---

[45] As frases de acolhida previstas pelo Ritual exprimem bem isto: "O Espírito te conduziu até aqui. Peçamos que ele nos ilumine, um e outro, agora, para celebrar na Igreja o perdão do Senhor".

[46] Guilllaume de Menthière, op. cit.

que nos faz crer que Deus nos dá a graça do perdão; e a *caridade*, que nos leva a amar a Deus e que coloca no coração a mágoa por tê-lo ofendido" (Cura d'Ars).

> "As lágrimas são como a essência de nosso sangue. Haveria indignidade em derramá-las por coisas que nosso sangue não pagasse" (Vladimir Ghyka).

Cadeias quebradas, chagas cicatrizadas: sair para a luz!

"Lázaro, vem para fora!"
O morto saiu com os pés e as mãos atados com faixas e o
rosto envolto num sudário.
Jesus ordenou: "Desatai-o e deixai-o andar".
(Jo 11,43)

Sou teu servo, filho de tua serva,
rompeste os meus grilhões.
Sl 116,17)

Se permanecerdes em minha palavra... conhecereis
a verdade, e a verdade vos libertará...
Se, portanto, o Filho vos libertar, sereis de fato livres.
(Jo 8,32-36)

Por tua paixão, cura minhas paixões.
Por tuas chagas, cura as minhas chagas,
por teu sangue, purifica o meu sangue.
Mistura com o meu corpo o perfume de teu corpo.
Que tua face, que recebeu cusparada,
faça brilhar meu rosto sujo de iniquidades.
(João de Dalyatha)

A pior das escravidões: o pecado e, sobretudo, o *hábito* do pecado. Como em toxicomania, consiste na dependência. Diante de um hábito inveterado, profundamente interiorizado, a gente se sente – a gente é – totalmente impotente. Como um alcoolismo espiritual, não se está sequer livre de parar... A gente se afunda num pântano e, quanto mais gesticula, mais se enterra. Isto é específico da impureza, droga do imaginário. É preciso que o próprio Jesus venha estender a mão para extirpá-la de nós. É preciso gritar para ele.[47]

Fechado em mim mesmo, encapsulado numa prisão interior, só ele pode soltar os ferrolhos e as barras.

Confissão e libertação

Hoje tantas pessoas estão paralisadas por uma ligação com o mundo das trevas!

O sacerdote pode diretamente fazer perguntas sobre as ligações eventuais com esses domínios espirituais e psicológicos, na origem de tantas perturbações.

Ligações contraídas com os espíritos das trevas, talvez inconscientemente ou por ignorância dos verdadeiros riscos.

---

[47] Ver Daniel-Ange, *La prière, respiration vitale*, p. 110.

Jesus veio como libertador para todos os que caíram nessas ciladas. À sua Igreja ele confiou o seu poder sobre todo espírito das trevas e da morte. Essas ligações vão da simples "infestação" à verdadeira possessão. Nos casos graves, após um diagnóstico de discernimento, é preciso um *exorcismo*, confiado só aos sacerdotes que recebem delegação de seu bispo.[48] Senão, depende simplesmente de uma oração de *libertação* para libertar dessa opressão ou infestação. Pode ser feita pelo sacerdote durante a confissão. (Lembro-me de um rapaz literalmente imerso há anos num inferno interior. Após essa oração para destruir uma ligação contraída com o espírito de impureza, ele nunca teve recaída.)

Não se deve hesitar em recorrer à oração, se alguns se desviaram em certos domínios que nos arrancaram da mão de Deus, que talvez nos amarraram os pés e as mãos.

Exorcismo ou simples oração de libertação, é sempre Jesus vencedor da morte que nos faz participar de sua vitória sobre o autor de todas as obras de morte. Ele nos torna participantes de sua própria vitória na manhã de Páscoa. Pelo poder da sua cruz gloriosa, pelo seu amor infinito manifestado em sua agonia, ele nos liberta.

---

[48] Ver CIC, nn. 550 e 1673. Ver *Baume est ton Nom*, Anexo III.

Não há nenhum laço, nenhuma corrente que Cristo não possa romper! Como ele fez na noite de Sexta-feira Santa, quando desceu para libertar todos aqueles que o esperavam nos infernos.[49] Cristo desce com toda a sua luz, pelo ministério da Igreja, para nos arrancar, para nos libertar. Portanto, nos devolve a nós mesmos, restitui-nos nossa verdadeira liberdade, ressuscita-nos com ele!

Confissão e cura interior

Posso suplicar que o Espírito me mostre não somente os meus pecados, mas também detecte as suas raízes mais profundas. Muitas vezes, um hábito de pecado tem sua origem numa ferida de nossa infância (por exemplo, uma agressão sexual, no domínio da impureza). A ferida não pertence à ordem do pecado, mas pode ser um terreno favorável para sua eclosão, ou mesmo da abertura ao maligno. Neste caso, não basta apenas o perdão, é preciso juntar uma oração explícita de cura interior, para que Jesus venha pôr sua mão curadora exatamente sobre essa ferida. É necessário orar para que esta, por ocasião de uma oração de anamnese, volte das profundezas do inconsciente à superfície, para pô-la à luz curadora do Senhor. Certas

[49] Em grego, *apheimi*, "perdoar" implica a noção de libertar, de fazer desaparecer.

pessoas podem acusar-se indefinidamente do mesmo pecado do qual não saem porque não se remontou às suas causas, próximas ou distantes.

Aqui não é o lugar de abordar este tema imenso, mas simplesmente indicar que pode acompanhar uma confissão, se houver tempo disponível. Muitas vezes vi os seus frutos. Para isso, o sacerdote deve estar totalmente à escuta do Espírito e na expectativa de sua luz. Às vezes, com uma palavra o Senhor pode revelar-lhe a origem de um problema.[50]

Também se podem fazer algumas perguntas discretas.[51] Quanto mais for interiormente acolhedor ao penitente, mais pode receber para ele uma profecia,

---

[50] "Confessei certo dia um confrade que estava muito aborrecido; sua vida estava vazia, cheia de tédio, perdera todo incentivo. De repente, uma frase me escapou: 'Você tem ressentimento de alguém?' Ele me olhou espantado. Alguns dias depois, ele voltou para ver-me. 'A tua pergunta me deixou inquieto. Reli minha vida. E percebi que tenho enorme ressentimento de meu pai. Ele era alcoólico e feriu-me profundamente'. Ele recalcara essa mágoa, ela secretara um rancor profundo que ele não queria ver. Essa tomada de consciência levou-o a perdoar seu pai. Encontrou uma juventude nova. O perdão o ressuscitou" (Philippe Perdrix, *Famille Chrétienne*, n. 1302).

[51] Sobre isto ver o clássico do reitor da Universidade Franciscana de Steubenville, Michaël Scanlan, *La puissance de l'Esprit dans le Sacrement de pénitence*, Pneumathèque, 1977.

uma palavra de conhecimento ou, mais simplesmente, fora de toda oração de cura, uma luz para sua exortação, a fim de que ela venha ao máximo de Deus. Pedir uma palavra aqui também pode dar uma pista, em todo caso, esclarecer.[52]

Os ecos em nosso corpo

Não é raro que uma cura interior acarrete uma cura física. Alma e corpo não estão intrinsecamente ligados? Muitos testemunhos poderiam ser dados aqui,

---

[52] "Tendo já me confessado alguns dias antes, não falei muito tempo ao padre. Mas aconteceu uma coisa espantosa. O padre começou a falar como se lesse no meu coração. Ele me disse coisas sobre mim mesmo que nunca ninguém me tinha dito; fiz uma verdadeira experiência da ternura de Deus. O efeito dura sempre e durará até o fim de meus dias. Pensando que meu testemunho poderia ajudar os outros a experimentarem a graça do sacramento, partilhei-o na manhã seguinte diante de quatro mil pessoas. Um homem me disse: 'Ah, enquanto você falava, eu me dizia a mim mesmo: Feliz o padre que te confessou!' Eu o reconheci: 'Mas esse padre eras tu!' Ele viera ao encontro com dúvidas sobre o seu sacerdócio. Quando viu a maneira como Deus se servira dele, deu graças, pois nunca se dera conta do que se passara quando me confessou" (*Cahiers du Renouveau*, n. 45).

às vezes espetaculares. Apenas três, muito simples, quase insignificantes:

> "Eu estava muito doente e só Jesus podia salvar-me de mim mesmo. Não podia mais viver sem medicamentos, e sem óculos, pois tinha medo das pessoas, um medo indizível, uma paranóia... Após ter-me confessado, uma grande paz instalou-se em mim. Não mais tinha medo das pessoas, não precisava mais de óculos escuros e, depois, diminuí as pílulas pela metade. Jesus veio tocar minhas feridas e passou um bálsamo" (Willy, 21 anos).

> "Em Paray, não tinha nenhuma vontade de confessarme, mas disse ao Senhor: 'Se verdadeiramente queres que eu vá confessar-me, diga-me durante a Eucaristia'. Depois da comunhão, uma profecia: 'Eu vim para curar-vos, seja qual for a vossa falta, vinde a mim'. Depois veio uma palavra de ciência: 'Na assembléia está um homem que hesita em confessar-se: o Senhor o espera'. Então tive vontade de chorar e senti alguma coisa no meu dedo machucado onde fizera um curativo. Com tanta gente sofrendo há anos, não seria um dedinho acidentado que o Senhor curaria! Mas fui confessar-me. Estava feliz. Escondi-me num canto e tirei meu curativo."

Penso naquela jovem de dezenove anos que teve de parar seus estudos após crises que os médicos atribuíam à epilepsia. Durante a sua confissão, o padre tinha sempre na cabeça a palavra "aborto", que ela tinha medo de confessar. Quando, enfim, ele lhe disse, ela reconheceu que seu mal-estar sobrevinha toda vez que pensava nisso. Recebido o perdão, ela ficou definitivamente curada, para grande espanto dos médicos.

A cura dupla, protótipo de todas as outras, é a do paralítico que seus quatro amigos desceram pelo telhado. "Para que saibais que o Filho do homem tem na terra poder de perdoar os pecados – disse então ao paralítico: Levanta-te, pega o teu leito e vai para casa" (Mt 9,6).

São Tiago já fazia a ligação: "Alguém de vós está enfermo? Mande chamar os presbíteros da Igreja, para que orem sobre ele, ungindo-o com óleo em nome do Senhor. A oração da fé salvará o enfermo, e o Senhor o levantará" (Tg 5,14).

Então, como não "dar glória a Deus por ter dado tal poder aos homens" (Mt 9,8)?

> "Subamos as colinas de Jerusalém
> para ver o Filho de Deus curando o mundo!
> Bendito seja o Médico misericordioso
> que pensa as chagas aparentes ou ocultas,
> que dá vida à Samaritana
> e a luz ao cego.

O médico verdadeiro cura gratuitamente,
abre as úlceras sem dor
e cura os abcessos com o bálsamo de sua ternura.
Ó mar de misericórdia,
onde os leprosos se banham" (Liturgia síria).

Lançar-se para frente

O olhar de Deus, de um só golpe, faz claramente desaparecer o pecado:

> "Reconhece o teu pecado e Deus não o reconhecerá" (Santo Agostinho).

> "O bom Deus, no momento da absolvição, joga nossos pecados por cima de suas costas, quer dizer, ele os esquece, aniquila-os; eles nunca reaparecerão" (Cura d'Ars).

Libertação, cura... mas também desaparecimento!

Aos seus olhos, meu pecado deixa de existir. Ele é destruído uma vez por todas, para sempre. Se eu falar de novo a respeito, ele responde: "De que você fala?".[53]

---

[53] "É o momento em que a Trindade se faz presente a ele para apagar o seu pecado e lhe devolver a sua inocência, e a força salvífica da Paixão, da morte e da Ressurreição de Jesus é comunicada ao penitente. Nesse instante, todo pecado é remido e apagado pela intervenção misteriosa do Salvador" (João Paulo II, RP 31).

> Ele anulou o título de dívida que havia contra nós, cujas prescrições nos eram contrárias (Cl 2,14).

> Lança no fundo do mar todos os nossos pecados (Mq 7,19).

Cadeias quebradas, pecados apagados, eis que estás de novo e totalmente aberto para o teu futuro. Nada mais te impede de acolhê-lo, de recebê-lo das mãos do Pai. Não voltes jamais ao passado; fixa o olhar no horizonte à tua frente:

> Esquecendo o que fica para trás, lanço-me em busca do que fica para a frente. Corro para a meta, para o prêmio celeste, para Deus que nos chama em Cristo Jesus. (Fl 3,13).

Sim, o arrependimento abre o teu futuro, a absolvição desbloqueia o teu horizonte.

A SANTIDADE TRANSMITIDA...
POR UM PECADOR

A homeopatia divina

Eu vos garanto: tudo que ligardes
na terra, será ligado no céu; e tudo o que
desligardes na terra, será desligado no céu.
(Mt 18,18)

Jesus Mestre, tem piedade de nós...
Ide apresentar-vos aos sacerdotes.
E aconteceu que, no caminho, ficaram limpos.
(Lc 17,14)

Estou falando do sacerdote com quem concelebras, porque Jesus entregou aos seus apóstolos esse poder propriamente divino: perdoar.[54] Porque, em si, só o Criador em pessoa pode assim criar de novo.

---

[54] "A Igreja não *pode* perdoar nada sem Cristo, e Cristo não *quer* perdoar nada sem a Igreja. A Igreja não *pode* perdoar nada a não ser àquele que se converteu, isto é, a quem Cristo tocou primeiro. Cristo não *quer* dar o seu perdão a quem despreza a Igreja" (Isaac de l'Étoile, amigo de São Bernardo [século XII], *Sermão 11*).

O mais desconcertante é que, para nos dar seu perdão, Deus quis que ele passasse não por anjos, mas por um ser de carne e de sangue, pecador como tu (talvez ainda mais do que tu): um sacerdote.

> "Ide confessar-vos com a santa Virgem ou com um anjo. Eles vos absolveriam? Dar-vos-iam o corpo e o sangue de Nosso Senhor? Não, a santa Virgem não pode fazer seu filho divino descer na hóstia. Poderiam estar presentes duzentos anjos, que não poderiam absolver-vos. Um sacerdote, por simples que seja, pode. Pode dizer-vos: Ide em paz, eu vos perdôo" (Cura d'Ars).

O sacerdote tem tanta necessidade como tu (ou até mais ainda) da misericórdia de Jesus.[55]

São eles que devem confessar-se mais amiúde, porque a sua responsabilidade é imensa. "Daquele que mais recebeu mais será exigido". Eles não podem nem exercer o seu ministério, nem viver e serem felizes,

---

[55] "A misericórdia é a condescendência com a qual ele nos chama a atuar como representantes seus, sabendo que somos pecadores. É em função desse amor consciente de sua fragilidade, amor professado com tremor e confiança, que Pedro recebe o ministério. E é em função desse amor, fortificado pelo fogo de Pentecostes, que ele poderá cumpri-lo" (João Paulo II, *Aos sacerdotes*, Quinta-feira Santa, 2000).

sem deixar-se re-parir freqüentemente pelo Pai.[56] Não podem ser *servidores* da Misericórdia sem primeiro serem *filhos* da Misericórdia.

Não hesites em apelar para um sacerdote para que ele te dê essa misericórdia. É seu trabalho. Sua vocação. Seu chamado. É toda a sua felicidade. Tu o rejuvenesces quando apelas àquilo para que ele foi feito.[57] Envelheces um padre quando o deixas sem trabalho.

Do sacerdote, são João Crisóstomo ousa dizer: "É ele que faz tocar Deus". Tocar sua ternura paterna. Tocar seu Coração.[58]

---

[56] "Aproximar-nos de um irmão sacerdote para pedir-lhe a absolvição que nós mesmos damos tantas vezes aos nossos fiéis nos faz viver esta verdade grande e consoladora: antes mesmo de ser os seus ministros, somos membros de um único povo, um povo de salvos. Só aquele que sente o abraço, a ternura do Pai pode transmitir aos outros o mesmo calor, quando destinatário do perdão, e se torna o ministro" (João Paulo II, *Aos sacerdotes*, Quinta-feira Santa, 2001).

[57] Exemplo perturbador: "Um dia, João Paulo II recebe um sacerdote que abandonara o seu ministério. Após tê-lo abraçado, o papa cai de joelhos diante dele: 'Tu és sacerdote para a eternidade! Eu te devolvo o teu poder de confessar. Confessa-me imediatamente!'". Detalhes se encontram em meu *Fioretti authentiques de Jean-Paul II*, Le Jubilé.

[58] "Quanto mais se é envolvido pela misericórdia, mais necessidade se sente de testemunhá-la e irradiá-la" (João Paulo II, *Aos sacerdotes*, Quinta-feira Santa, 2001).

Sobretudo, além do sacerdote, permites que o próprio Jesus exerça o seu trabalho de Salvador. Que faça aquilo para o que veio. No Natal, as liturgias do Oriente cantam:

> O céu te ofereceu uma estrela, a terra uma gruta, os animais um boi e um burro, os pastores suas ovelhas, e nós, nós te oferecemos... nossos pecados.

Uma variante diz maravilhosamente: "E nós nos te oferecemos... uma mãe". De um lado, oferecemos o pecado do mundo, do outro, a única que é sem pecado.

Nunca tenhas vergonha de abrir-te a um sacerdote. É ao próprio Jesus que vive nele que te abres. Sim, a Jesus em pessoa. Não é o padre que põe a mão sobre ti e diz: "Eu te perdôo". Seria uma blasfêmia se, precisamente, esse homem não tivesse recebido o poder de ordem de Jesus mesmo de agir em seu nome, em seu lugar. Por isso é o próprio Deus que, através dele, te suplica: "Deixa-me reconciliar-te com Deus". É prodigioso!

A quem confessar-se?

Quando existe escolha, podes ir ao padre que te inspira mais confiança. Não importa de que rito seja.[59] Mas, senão, lembra-te de que seja qual for o padre, simpático ou não, inspirando confiança ou não, é o mesmo sacerdócio do mesmo Jesus e, portanto, seu mesmo perdão que é dado a ele. Isto vale mesmo se o próprio padre estiver em estado de pecado, como vale para a Eucaristia. Isto por pura misericórdia de Deus. Senão, como saber se um sacramento é válido, se dependesse da santidade do celebrante? Seria uma "catástrofe".

Em caso de perigo de morte, se não estiver presente um padre, pode-se confessar a um leigo batizado, assim como, em caso de urgência,[60] um leigo pode batizar.

---

[59] "Todo fiel tem a liberdade de confessar-se ao confessor regularmente aprovado que preferir, mesmo se for de outro rito" (Direito Canônico, cânon 991). Para as comunidades que têm um confessor habitual, está prescrito regularmente um confessor extraordinário para respeitar a liberdade de cada um.

[60] São Tiago já dizia: "Confessai vossos pecados uns aos outros" (Tg 5,16). E Tomás de Aquino diz: "Como para o batismo, o ministro oficial é o sacerdote. Mas em caso de necessidade, um leigo pode substituir o sacerdote e ouvir a confissão. Quando houver necessidade premente, o penitente deve fazer um ato de contrição e confessar-se a quem puder. Se o padre não pode ser esse confessor, o Soberano sacerdote supre, e essa confissão feita a um leigo, na falta de sacerdote, é ainda, de certa maneira, sacramental, ainda que não seja um sacramento completo, porque lhe falta o que deve vir do sacerdote" (*Summa Suppl*, q 8, a 2).

Igualmente, em caso de urgência extrema, na absoluta impossibilidade de confissões pessoais, o sacerdote pode dar uma "absolvição coletiva".[61]

Numa reunião, é bonito quando, diante de todos, os sacerdotes começam eles mesmos recebendo esse sacramento uns dos outros antes de transmiti-los aos outros. Isto tranqüiliza e encoraja particularmente os jovens.

É bonito também, no contexto de uma celebração penitencial, quando os padres, antes de confessar, pedem que os jovens orem sobre eles. Cantam então um canto ao Espírito Santo a fim de exercerem esse ministério com um máximo de misericórdia, com o coração do Pai, que estreita o seu filho sobre o peito.

---

[61] Em 1944, Roma permitiu, em circunstâncias de campos de batalha, bombardeios etc., num avião em queda livre. Depois do Vaticano II, essa permissão foi consideravelmente ampliada, chegando os bispos franceses até os casos de peregrinação de grande afluência, vésperas de festas, encontros de crianças. Mas o Direito Canônico retificaria: "A necessidade não é considerada como sendo suficiente quando confessores não podem estar disponíveis unicamente pelo motivo de grande afluência de penitentes, como pode acontecer para uma grande festa ou uma grande peregrinação" (cânon 961 § 2). Por isso os bispos franceses corrigiram em 1984. Isso de acordo com o Concílio de Trento: "Se alguém disser que, no sacramento da penitência, não é necessário, de direito divino, que se confessem todos e cada um dos pecados mortais dos quais se lembra... seja anátema".

É bonito ainda quando, antes de te confessares, o padre ajoelha-se primeiro, pede perdão a ti, pessoalmente (ou quando o fazem juntos diante de todos), em nome de seus irmãos sacerdotes, por tudo o que os sacerdotes ou pessoas consagradas poderiam ter feito para magoar-te, ferir-te ou simplesmente causar decepção em tua vida. Ou se, graças a Deus, esse não é o caso, na vida de certos amigos ou companheiros teus.

No rito bizantino o sacerdote sai do santuário e, inclinando-se profundamente, ousa dizer: "Perdoai o pecador que eu sou e pedi por mim a misericórdia de Deus". Por que essa graça seria reservada aos nossos irmãos sacerdotes do Oriente?

No rito latino, na Sexta-feira Santa, ele se prostra completamente deitado durante um longo momento de silêncio total. Em certas circunstâncias, por que não retomar esse gesto emocionante que, aliás, lembra a sua ordenação? Em cada missa, poderia dizer a oração penitencial diante do altar, com os fiéis.[62]

---

[62] Para este rito se poderia retomar a oração de Jesus, ou gritos do Evangelho: "Pai, pequei contra o céu e contra ti, não sou mais digno de ser chamado teu filho!"; "Jesus, lembra-te de mim quando vieres em teu Reino"; "Pai, perdoa-nos, não sabemos o que fazemos!"

Pessoalmente, gosto de, às vezes, confessar de joelhos diante do penitente sentado, em sinal de Jesus ajoelhado lavando os pés dos apóstolos. Gosto também de cantar a fórmula da absolvição, para destacá-la, como se faz com as palavras da consagração eucarística.

E para personalizá-la, gosto ainda de incluir o nome do penitente, como se faz na comunhão eucarística nos ritos orientais. Aliás, no "ritual" desse sacramento, é recomendado cuidar da organização dos lugares. Se não for o confessionário clássico, que permite uma certa confidencialidade, pelo menos que o olhar possa fixar-se num ícone, um crucifixo. Quando o sacerdote e o penitente estão os dois virados para Cristo, isso manifesta a fonte do perdão. A veste do sacerdote (alva e estola) deve manifestar o aspecto propriamente litúrgico do sacramento.

Socorro a ti, cirurgião de Deus

Nossos mandarins que, de seus escritórios, defendem fria e cinicamente a supressão da confissão individual imposta, arrancando do batizado esse face a face, são como os apóstolos – bem-intencionados – que repeliam as crianças para longe dos braços do Mestre.

Não oferecer aos jovens esse sacramento da ternura, é como um médico que deixa o paciente morrer de *hemorragia*, quando tem tudo para estancá-la. Não é isso falta de assistência à pessoa em perigo?

Quem sai prejudicado? O pobre. O homem na sua fraqueza, na sua fragilidade. Aquele que eu sou, que tu és. Quem fere o seu irmão fraco fere a Cristo.[63]

É privar-me desse frente a frente com Jesus ao qual tenho direito como batizado.

Porque é uma questão de vida ou de morte. Até física. Numa região da América do Norte, o bispo me conta, com lágrimas nos olhos, que cada mês há suicídios de jovens nas escolas católicas. E me confidencia, por outro lado, que mais de um de seus padres não atende confissões, mas se contenta com "liturgias penitenciais coletivas", sem encontro pessoal. Faço imediatamente a ligação. Se não há ninguém para oferecer a única libertação possível, como se espantar

[63] "Zombar-se-ia do sofrimento mais profundo dos homens ao desdenhar a sua maior dignidade, se nos recusássemos a crer no procedimento penitencial em toda a sua riqueza pessoal. Os pobres nos pedirão conta" (Bernard Bro). Em Quebec, durante vinte anos (1960-1980), nenhuma linha parece ter sido escrita sobre a confissão sacramental pessoal por um bispo!

que jovens desmoronem sob o peso da culpa, que vira desespero?

Quero fazer aqui uma súplica aos meus irmãos sacerdotes.[64] Numa época em que se fala tanto de escuta, de acolhida, em que tantas pessoas morrem por não ter ninguém a quem confiar um fardo pesado demais para suas costas, em que se faz fila diante de conselheiros de toda espécie para mendigar alguns instantes durante os quais possa sentir-se acolhido pelo que se é, como é possível que tenhamos abandonado esse ministério? Em proveito de uma multidão de outras atividades que qualquer leigo pode fazer, com tanta competência ou mais. Ao passo que só os lábios do sacerdote podem dizer essa palavra de dinamite, que faz voar em estilhaços o rochedo pesado das costas de quem se abre a ele.

> Fui mendigar o perdão. Recebi-o, porque não é o perdão do sacerdote. Sobretudo porque creio no sacerdote Jesus, cujo coração conhece melhor que nós as nossas

[64] Ver *Baume est ton nome*, pp. 124-126. "Toda vida sacerdotal sofre uma decadência inevitável se o próprio padre, por negligência ou por qualquer outro motivo, não recorrer, de maneira regular e com fé e piedade autênticas, ao sacramento da penitência. De um sacerdote que não se confessasse, ou que se confessasse mal, seu ser sacerdotal e sua ação sacerdotal se ressentiriam logo, e a própria comunidade da qual é pastor não deixaria de o perceber" (João Paulo II, *Reconciliatio et penitentia*, 31).

intenções. Mas levantei-me ao mesmo tempo em paz e aflita. Aflita porque esse padre, que me falou de uma maneira demasiado humana e horizontal, *minimizou tudo, desculpou tudo*. 'Mas eu conheço o meu pecado' poderia ter dito com o salmo 50. Se busco o perdão do Senhor, é porque também necessito da paz do Senhor. *A paz que vem do mesmo começo que o perdão: o coração aberto*. De uma paz puramente psicológica eu não necessito, pelo menos não da parte de um padre; um psicólogo faz bem melhor o seu trabalho a esse nível. Sei bem que, além dos limites de seu servidor, o Senhor não está impedido de nos atingir, mas sei que este vaso frágil que é o sacerdote contém *o único tesouro* que tem. Em vez de hipertrofiar ou de minimizar o meu pecado, é tanto mais importante que, olhando meu pecado em seu *lugar certo*, deixe nele o Dom e o Perdão de Deus terem a sua *dimensão justa*, quer dizer, infinita" (Inês, 25 anos).

Não quero confessar-me para ouvir o sacerdote dizer-me: "Mas isso é normal, isso não é grave! Hoje em dia todo mundo faz isso, não te preocupes com isso!". Por que me comparar com os que pecam em vez de me dar como exemplo os santos e dizer-me: "veja como ainda estás longe!". Se vou lá, é porque sei que pequei. Dizer o contrário é dizer: "Não precisas da misericórdia!" (Samia, 16 anos, Líbano).

Não dilapidemos nunca este tesouro. Relativizar, às vezes. Minimizar, nunca!

Sacerdotes desencorajados, sacerdotes renovados

Por que muitos de nós, longe de despertar os fiéis para essa realidade perturbadora, os desanimam, longe de atraí-los para essa fonte de ternura, os afastam? Ousaríamos falar de massacres dos pobres?[65]

Este sacramento não te pertence. Tu o recebes. Ele atravessa as tuas mãos, teus lábios, mas primeiro a alma. Ele enche tuas mãos e estas estão sempre vazias.

> Devemos fazer-nos os mensageiros da impaciência com a qual Deus deseja poder abraçar de novo, no seu Filho único, os filhos adotivos que se afastaram dele.[66]

---

[65] Decepção cruel foi a de Cathy, que se aproximou do padre toda feliz por afogar a sua vida em pleno oceano de amor, tendo se preparado para isso durante dias e dias, e ouviu dizer friamente: "Não é preciso mencionar com precisão os pecados, eu te darei absolvição global". E esta reflexão, após uma entrevista do professor Milliez, decano honorário da Faculdade de Medicina de Paris: "Vós, padres, não soubestes fazer amar a confissão" (*La Croix*, 20 de maio de 1983).

[66] Lembrando-se com emoção das centenas, dos milhares de jovens confessando-se durante as JMJ, na sua grande carta para o terceiro milênio, João Paulo II diz: "É preciso que os pastores se armem de coragem pastoral, de confiança, de criatividade e de perseverança para revalorizar este sacramento. Não devemos

Por outro lado, quantos sacerdotes encontraram a alegria de seu primeiro chamado quando os cristãos apelaram para o seu coração de sacerdotes, pedindo-lhes o que só eles podiam e estavam em condições de dar: a palavra criadora entre todas.

Eu sou testemunha de tantas vidas sacerdotais renovadas por este ministério do perdão.[67]

É preciso dizer aqui, em defesa dos padres, que muito freqüentemente eles vivem em paróquias pobres onde ninguém nunca procura esse ministério ou só fazem confissões estereotipadas e banais. Contrariamente aos capelães de santuários, que tão amiúde atendem confissões perturbadoras. Em Medjugorje, que foi chamada de Confessionário do mundo, quantos sacerdotes encontraram a alegria

---

renunciar, caros irmãos, no sacerdócio, diante das crises temporárias. Os sacramentos vêm daquele que conhece bem o coração do homem; ele é o Senhor da história" (*Novo Millennio Ineunte*, 37).

[67] "Você sabe o combate que travamos no nosso liceu. O capelão tem o aspecto de um homem de negócios. Seu rosto é ainda mais triste e mais pálido que o dos jovens perdidos que andam de um pátio ao outro. Mas o Senhor me fez compreender que não devia abandoná-lo. Então, ontem, fui confessar-me com ele e pedi-lhe perdão. Perdão por tê-lo julgado, tê-lo deixado só" (Nadine, 17 anos).

louca de seu sacerdócio atendendo confissões durante dias, quando não noites inteiras?[68]

Não é graças às intervenções do Céu que milhões de católicos não só passaram a jejuar, mas sobretudo seguiram essas ordens insistentes e se confessam

---

[68] Vários bispos testemunharam este aspecto de Medjugorje: "O que particularmente me entusiasmou foi ver tantos jovens confessando-se" (Mons. Anguilé, Libreville). "Fiquei dois dias no confessionário, e isso bastou para ver que Maria e seu Filho estavam muito presentes, junto com a Igreja aqui. Pude verificar a ação de Maria na conversão de seus filhos e que ela os prepara para a reconciliação. Direi a meus padres: estejam à disposição dos peregrinos no confessionário e tereis uma idéia clara de Medjugorje" (Mons. Carboni, Macerata). "Nestes últimos dez anos, quase nunca atendi confissões. Aqui as pessoas me pediram constantemente que ouvisse suas confissões. Confessei uma centena. Tenho certeza de que o Senhor se serve deste lugar para a conversão das nações" (Mons. Danuta, Arua, Uganda). "Aqui, em três horas de confissões, ouvi mais confissões de qualidade, vindo diretamente do coração, que em vinte e um anos de sacerdócio" (Mons. Hegarty, Derry, Irlanda). "Vi mais de cinqüenta franciscanos atendendo confissão. Foi de fato admirável" (Mons. Harris, Middelsborough, Inglaterra). "De fato, a maior graça de Medjugorje é a confissão" (Mons. Rivas, Kingstown, Caribe). "Medjugorje transformou-se no maior confessionário do mundo. Os sacerdotes que atendem confissões são sempre tocados até o fundo do seu ser pelo poder da graça que emana aqui" (Mons. Degenhardt, Paderborn). E tantos outros...

uma vez por mês? "Se as pessoas se confessassem, partes inteiras da Igreja ocidental estariam curadas."

Sacerdote de Jesus, que dás o perdão, fazes um homem existir, tu o arrancas da alienação, o devolves a ele mesmo, o recolocas no interior do olhar de Deus, do qual o teu deveria ser a transparência.

Na encruzilhada de dois amores

E preciso dizer que tudo isso é evidente? O padre está obrigado ao *segredo absoluto* para tudo o que ouve em confissão. Porque ouve em nome do próprio Deus. Ele não pode fazer a menor alusão a isso, por mínima que seja, que permita adivinhar qualquer coisa. O sacerdote deve preferir ser morto a trair. Como são João Nepomuceno pelo rei Venceslau. Quatro séculos mais tarde é descoberta a sua língua fresca e flexível como a de uma pessoa viva.[69]

Portanto, não tenhas nenhum medo, podes confiar tudo a ele. Ele não pode nunca escandalizar-se com um pecado, por pior que seja. Pode sofrer com

[69] "O que conheço pela confissão conheço menos do que o que não conheço" (Santo Agostinho, *Sermão X*). "O que se sabe sob segredo da confissão é como que ignorado, porque não se sabe como homem, mas como Deus."

o Senhor, sim. Ficar horrorizado? Não. Muitas vezes ele se reconhece a si próprio, e então se acusa interiormente. Às vezes, se puder, ele se retira alguns instantes para orar de modo especial por ti. Ou, então, ele também vai fazer a "penitência" que te prescreveu, juntando-se assim à tua própria caminhada.

O padre te olha com o próprio olhar de Jesus. Ele é absolutamente incapaz de julgar-te. E mesmo humanamente, longe de retirar de ti a sua estima (se ele te conhece), essa estima aumenta mais, maravilhado que está por tua humildade, abalado pela tua confiança nele.

É que, enquanto sacerdote de Jesus, ele se situa sempre na encruzilhada onde se encontram, se entrecruzam a misericórdia, que desce do Pai, e o arrependimento, que sobe do pecador. Em suma, a *junção entre os dois amores*.

A confissão pode ser acompanhada, quando o tempo o permite, de conselhos dados. É bom quando confissão e orientação (melhor que "direção") espiritual podem estar ligadas.[70] Aqui, também, pedir ao

---

[70] "Certamente, a *direção espiritual* ou o *conselho espiritual*, ou o *diálogo espiritual*, pode ser praticada também fora do contexto do sacramento da penitência e mesmo de quem não recebeu a Ordem sagrada. Todavia, é incontestável que esta função – insuficiente se ela é realizada somente dentro de um grupo, sem uma

Senhor uma palavra específica pode ser muito esclarecedor. De todas as maneiras e em todos os casos, é bom que o sacerdote e o penitente orem juntos (está previsto pelo ritual), mesmo que seja apenas um salmo, um pai-nosso, uma ave-maria, um glória-ao-Pai, ou de maneira pessoal e espontânea.

> Meu pároco mandou-me atender confissões todos os domingos de manhã, como se faz na Itália. Fiquei um pouco espantado, até decepcionado, por não celebrar uma das missas paroquiais, mas, pouco a pouco, compreendi: o ministério do perdão forja a alma sacerdotal. Não parava de agradecer. Até quarta-feira eu vivia no louvor por tudo o que recebera no domingo precedente... e passava o final da semana em oração pelos penitentes que viriam no domingo seguinte.

---

relação pessoal – está de fato, freqüente e felizmente, ligada ao sacramento da reconciliação, e que é realizada por um *mestre* de vida, por um *sênior*, por um *médico*, por um *guia* nas coisas de Deus, como é o sacerdote, o qual um *dom singular de graça* torna particularmente apto para funções especiais na Igreja. Desta maneira o penitente supera o perigo do arbitrário e é ajudado a conhecer e a decidir sua própria vocação à luz de Deus" (João Paulo II, 11 de abril de 1984). "O sacramento da penitência apresenta uma importância insubstituível para a *formação da personalidade cristã*, sobretudo quando se une com a *direção espiritual*, quer dizer, uma escola metódica de vida interior" (João Paulo II, 31 de março de 1985).

A minha lembrança mais bela neste campo é a confissão de uma jovem; ela tinha uma visão tão clara de sua alma diante de Deus... isso marcou-me para sempre. (...) Aconteceu-me receber um penitente que se encontra na mesma situação que eu, no mesmo combate. As palavras que recebo então para ele são também para mim. Um dia, uma pessoa me disse na confissão como Deus a ajudava em seu combate; tive de me segurar, pois vivia a mesma coisa, e suas palavras tocavam meu coração em cheio. Quando atendo confissões, gostaria de poder esconder-me, tanto me sinto pecador! Gostaria de poder atender confissões sem ser visto... É a loucura de Deus: um pecador dando absolvição a outro pecador![71]

"Vou dizer-te o que pensei da confissão: que doçura, que amor nessas palavras tão simples! Como um cano que conduz água na cidade, deixaste passar em tuas palavras e em teu olhar essa fonte do amor. Essa fonte de amor inesgotável que vinha de Jesus, e fui lavado no sangue do Cordeiro.

Foi tão bela essa confissão! O essencial é que eu tinha finalmente destruído essa barragem e aberto a minha porta a Deus, e Jesus, no seu grande amor, mudou meu coração, moldou meu coração à sua imagem. E Jesus encheu-me, cumulou-me, mesmo quando, por ti, recebi a sagrada Eucaristia, que é o *mais belo rosto*

---

[71] Em *Famille Chrétienne*, n. 1161.

do mundo, que é esse olhar tão profundo, tão intenso de Deus Pai, Filho e Espírito Santo" (Paulo, 13 anos).

Quanta alegria quando um sacerdote pode receber palavras como estas!

Cirurgia estética a laser

Colocaste nossas faltas à tua frente,
nossos segredos sob a luz da tua face.
Que a bondade do Senhor esteja sobre nós!
(Sl 90,8.17)

Restaura-nos, ó Deus;
faze brilhar a tua face e seremos salvos!
(Sl 80,4)

Renova em minha alma a imagem da luz da glória
admirável de teu Nome!
Intensifica o brilho de graça sobre a beleza de minha
face, e sobre a efígie dos olhos exteriores,
corrige a imagem que reflete a tua.
Inunda-a com tua luz divina, viva e celeste!
(Gregório de Narek)

O poder do perdão e a bondade do mestre são tais
que tornam qualquer um mais brilhante
que os raios do sol.
(São João Crisóstomo)

O salão de beleza divina

Mas qual é, então, essa claridade bondosa que emana do olhar de Jesus posto sobre o bandido, sobre Pedro, sobre Míriam de Mágdala – isto é, sobre mim hoje? Esse olhar é um *raio laser*, tão intensa é sua luz. Capaz de estourar os abcessos há muito envenenados. Cicatrizar as chagas há muito tempo com falta de luz. Decifrar a música de teu coração, há tempo demais sufocada. Caçar todas as tuas zonas de sombra para devolver-te à luz.

Recentemente, graças a milhares de feixes de laser, meus olhos puderam ser curados de um descolamento da retina. Graças à luz, posso ainda ver a luz!

Nada como o pecado turva nossa visão interior, suja o olhar da alma, tolda os olhos do coração até a cegueira. Esse raio laser torna nossa vista clara e prepara-nos para ver Deus.

Mas qual é, então, esta luz? Ela tem um nome: Espírito de amor.

Sem bisturi, sem efusão de sangue – não foi ele que derramou o sangue? – apenas por sua intensidade luminosa, o Espírito-luz vem eliminar os abcessos purulentos. Divinoterapia que me cura do pecado-câncer, melhor que todas essas horríveis quimioterapias, com seus terríveis efeitos secundários.

Quando eu estava enfermo no hospital militar de Liège, tive a graça de assistir, na sala de operação, grandes cirurgiões esteticistas. Era chocante ver os rostos de jovens, horrivelmente desfigurados por um acidente, encontrar pouco a pouco a sua beleza primeira. Para restituir o seu rosto original eles se baseavam em fotos deles.

Assim o Espírito Santo, o iconógrafo do Pai, vem restaurar em mim o ícone vivo de Jesus – ele que é meu rosto –, rosto que o pecado arranhou, que o tempo deteriorou, que as intempéries desfiguraram, no qual as infidelidades deixaram cicatrizes. Como esses ícones miraculosos – tão venerados no Oriente – que de uma vez reencontram suas cores originais, por maior que seja a camada de fuligem e de poeira acumulada, como se um véu se rasgasse. Ele refaz em mim o rosto de esplendor do Filho. Torna o meu rosto puro e belo de filho de Deus, ao sair das águas batismais. Em todo o seu frescor de recém-nascido.

É, portanto, o sacramento de nossa juventude perpétua. Cada confissão é um banho de rejuvenescimento, ou antes, de infância. Pois se nada envelhece, não enruga nossa fronte, não extingue nossos olhos como o pecado, então nada rejuvenesce como o sangue do Cordeiro.

Aqueles que se confessam freqüentemente entram pouco a pouco na eterna juventude de Deus.

Assim, cada perdão recebido abre para mim um dia completamente novo. Faz com que eu recomece a minha vida. Faz de hoje o primeiro dos dias que ainda me resta viver.

Uma prova física dessa realidade me foi dada com um fato surpreendente.

> Bruxelas, fim de 1982. Cristina, com raiva, bate na irmã e cai sobre a nuca. Entra em coma profundo, clinicamente irreversível. E se ela nunca mais sair, condenada a terminar seus dias num centro de geriatria? A família pede a um jovem casal de amigos para rezar sobre ela. Margarida e André ficaram com medo ao vê-la. Seu rosto está horrível, contraído pela raiva na qual o coma a congelou. Para sempre? Margarida lhe diz: "Cristina, estamos certos de que ele perdoa a tua cólera. Abre-te para o seu perdão! Ele te ama!". Nesse momento, o seu rosto tão crispado se descontrai, fica em paz, quase sorri: ela está *bela*! Dez anos mais jovem.

Os milagres, que confirmações maravilhosas desta cirurgia estética divina!

Braços grandes abertos, rosto sorridente, olhar iluminado!

Um outro testemunho: o padre Tim Deeter (Estados Unidos) visita uma mulher na sala de reanimação.

De repente me vem um pensamento que não vinha de mim: esta mulher tem necessidade de absolvição de seus pecados! De fato, ela não pudera confessar-se, pois estava em coma. Então eu me inclinei de novo sobre ela e murmurei: "Se cometeste algum pecado pelo qual não recebeste ainda o perdão, apresenta-o agora ao Senhor em teu coração, depois direi o ato de contrição contigo". Esperei três minutos. Recitei então o ato de contrição e lhe dei a absolvição. Enquanto eu me sentava na cadeira, ela fixou os olhos no crucifixo pendurado na parede atrás de mim. Abriu bem os braços e com o rosto iluminado com um belo sorriso, gritou: "Jesus!". Então caiu para trás e morreu. Eu me virei bruscamente para ver se Jesus estava lá, mas não, não o vi. Ele tinha vindo para ela à minha palavra de sacerdote no sacramento da penitência e a tinha levado com ele!

Pois bem, depois destas confirmações, ouso atestar: sim, a confissão é o salão de beleza divina.

Mas o teu olhar está bastante claro, bastante lavado pelo sangue do Cordeiro? Para hoje mesmo ir ver a Deus? Tua lâmpada está acesa entre os teus dedos? Um perdão recusado é a chama apagada. Enquanto ainda é dia, vai reacender o fogo do Espírito que queima nos lábios do sacerdote quando diz: *Eu te perdôo!*

Não se diz de um condenado à morte que ele foi indultado, *agraciado*? Tu foste agraciado por Deus; e a graça é a beleza. Estás de novo *gracioso*, belo pela graça, aos olhos de Deus e dos homens. Este é o sacramento da beleza de Deus!

Esta beleza devolvida não é mais resplandecente que minha bondade perdida, ornada que está pelo sangue rutilante de Deus? Como o vaso quebrado, que deixa transparecer a chama que protege, através das rachaduras coladas com cola transparente. Ou a estátua de marfim, que uma longa unha estragou, que o escultor, a partir dessa unha, consegue tornar o rosto ainda mais fino.

Ao ouvir as palavras da absolvição, pude exclamar: "Como é suave a tua voz!". E o Senhor pôde responder-me: "Teu rosto é que é belo!".

Eu te perdôo não é mais forte ainda que *eu te amo*? Porque é dar acima das feridas. É amar não apesar de nossas faltas, mas por causa dessas mesmas faltas. E o que é a bondade senão a irradiação do amor?

Em toda a criação, não há nada mais puro e límpido que a neve cintilante ao sol que nasce: cada cristal brilha como um diamante. Pois bem, Deus não encontrou comparação mais bela: "Se vossos pecados forem como o escarlate, ficarão brancos como a neve". Cumprindo a prece do salmista: "purifica-me, e ficarei mais branco do que a neve" (Sl 51,9). Eis que estou revestido com essa neve que envolve o anjo da ressurreição (Mt 28,3). E não há nada mais delicado que uma flor primaveril! O perdão é esse sol que faz tua alma eclodir.

Uma radioscopia implacável

Mas esta operação é precedida de uma implacável radioscopia, a fim de que o diagnóstico seja preciso, que a intervenção seja eficaz.

Trata-se de uma operação de cirurgia divina; então estou como que numa mesa de operação. Estou totalmente nu, despojado de todo artifício que esconde pudicamente as minhas chagas.[72]

Trata-se mais de fazer meu pequeno filme, como faço com os outros. Suavização de poder – enfim,

---

72 "Descobrir a libertação, a grandeza, a glória de arrepender-se! O não-cristão não tem idéia desta lógica paradoxal da graça, desta largura e altura da vida espiritual. 'Eles' crêem que somos aviltados, abaixados pelo arrependimento; que deixamos na contrição o coração fechado, rasgado e sangrando. 'Eles' não têm idéia da exaltação feliz do perdão – já apenas do desejo do perdão, do ímpeto para o Deus misericordioso. 'Eles' acreditam que nos confessamos por uma espécie de passe de mágica, de prestidigitação psicológica. 'Eles' não sabem que não se pode enganar o mais secreto de si mesmo, lá onde Deus age, a quem não se pode enganar" (Petru Dumitriu, "La gloire du repentir", *France Catholique*, 27 de agosto de 1983).

enfim! – ser veraz, sem trapacear, nem simular, nem enganar. Nem mesmo iludir-me, enganar-me, alienar-me. Estar aí, diante de mim mesmo, em toda a minha verdade. Isto seria insustentável, se não estivesse exatamente diante de Deus mesmo! Pecar não é tomar a dura verdade sobre si mesmo?

Porque esse olhar de meu Jesus não é um olhar que despoja, que inventaria, que cataloga, que etiqueta, que suscita a vergonha e humilha. Nenhuma censura em seus lábios! Nenhuma sombra de amargura em seus olhos. Nem sinal de desprezo! Ao contrário, vê o melhor em mim, o mais belo, o mais profundo, sobretudo nesse momento; posso dizer-lhe tudo. Confessar-lhe tudo. Confiar-lhe tudo. Dar-lhe tudo.

Os pecados que tanto nos humilham

Há pecados dos quais se sente naturalmente vergonha, porque são sentidos como particularmente humilhantes, como os que atingem a sexualidade. Ousa-se dizer tudo, exceto isso. Silencia-se a respeito deles. São considerados tabus, quando não são considerados tal em nenhum outro lugar.[73] Pelo contrário, são promovidos por toda parte.

---

[73] Ver tudo o que escrevi em *Ton corps fait pour l'amour*, Le Sarment, 1985.

É verdade que em Fátima, a Rainha do Céu disse que os pecados da carne são os mais graves, mas penso que são os que vão contra os outros, degradam-nos e destroem a eles e suas famílias: proxenetismo, prostituição,[74] violações, adultérios, fornicação, todas as perversões, derivações e desvios da sexualidade (ver CIC 2351s).

Ao contrário, no domínio do auto-erotismo (masturbação), na maioria das vezes isso depende sobretudo de feridas afetivas conjugadas com a fraqueza de nossa vontade.[75]

Se há um domínio em que somos *agredidos* contínua e violentamente é este.[76]

---

[74] O *Catecismo da Igreja Católica* (CIC) diz que a miséria, o desemprego e a pressão social podem atenuar a imputabilidade da falta. Quantos jovens são obrigados a isso simplesmente para sobreviver, sem falar de seus escravos – a mais atroz das escravidões – das redes nacionais e internacionais de prostituição.

[75] "Ato intrínseca e gravemente desordenado... Para formar um justo juízo sobre a responsabilidade moral dos sujeitos e orientar a ação pastoral, dever-se-á levar em conta a imaturidade afetiva, a força dos hábitos contraídos, o estado de angústia ou outros fatores psíquicos e sociais que minoram ou deixam mesmo extremamente atenuada a culpabilidade moral" (CIC 2352). Ver *Ton corps fait pour l'amour*, p. 76s.

[76] Duzentos e sessenta milhões de páginas pornôs na Internet. Nos Estados Unidos, onze mil novos filmes pornôs por ano. Quatro

Nesse campo, trata-se sobretudo de pecados de fraqueza (a carne é fraca) e não de vontade do mal. E são pecados menos graves que os que dependem do orgulho.

Por outro lado, se sofres com essas impurezas e te sentes humilhado, é que o fundo de tua alma é puro, e verdadeiro o fundo de teu coração, senão, não sentirias nenhuma vergonha, nenhum arrependimento, nenhuma tristeza. Ao contrário, justificar-te-ias, acharias isso natural. E é esta pureza das profundezas, que, aliás, vêm dele, que ele vê e ama. Sim, mais profundo que as sujeiras da imaginação e da impureza do corpo, ele se maravilha dessa pureza em algum lugar intacta e te diz: obrigado!

Sobretudo, jamais desencorajar-te. É ao que o maligno visa neste campo: fazer com que tenhas repugnância de ti mesmo, fazer com que te desesperes: "Não! Nunca sairei disso!". É o desespero que se segue que lhe interessa, mais que a própria impureza. Então não te deixes levar!

---

milhões de dólares por ano só para os vídeos etc. Proíbe-se qualquer sinal religioso visível, mas encorajam-se as posturas mais provocadoras. Proíbe-se esconder os cabelos (véu islâmico ou véu das religiosas católicas), mas não as nádegas, as coxas, o umbigo. O véu seria uma agressão, mas a pouca roupa, não.

Se esses pecados são particularmente humilhantes, vences sobre o maligno por este ato de bela humildade. Ele, que te venceu pela impureza, é vencido por tua humildade.

Então eu não teria mais vergonha de oferecer ao seu olhar luminoso a minha sexualidade talvez desviada, a minha afetividade talvez ferida, como se não soubesse de que carne fui formado!

Essa luz de seus olhos purificará a minha memória ferida, minha imaginação poluída. Ela limpará o meu inconsciente infestado por tantas imagens engolidas sem nenhuma vontade.

Ao tomar os meios que são necessários, permaneces confiante e em paz. E continuas a ter certa simplicidade confiante de vires regularmente lavar-te no sangue muito puro do Cordeiro.

> "Se eu tivesse a felicidade de ser ordenado padre, iria para o meio desses pobres, os obcecados sexuais, os que estão nas garras dos fantasmas terríveis, os pobres do "prazer solitário" (expressão abominável!). Fui isso e ainda tenho os estigmas, mas posso testemunhar que só Cristo, em particular pelo sacramento da Reconciliação e da Eucaristia, pode transfigurar essas chagas e santificar nossos corpos" (Bento, 20 anos).

Buscar refúgio no coração do Pai, ser acolhido nos braços dos irmãos

Mas Sião reclama: "O Senhor me abandonou,
meu Deus me esqueceu!"
Pode uma mulher esquecer seu bebê,
deixar de querer bem ao filho de suas entranhas?
Mesmo que alguma esquecesse, eu não te esqueceria!
Eis que te gravei na palma das minhas mãos.
(Is 49,15)

Será Efraim um filho tão querido para mim,
uma criança de tal forma preferida?
De fato, cada vez que nele falo mais ainda
quero lembrar-me dele.
Por isso minhas entranhas se comovem por ele,
por ele tenho ternura!
(Jr 31,20)

Correu-lhe ao encontro e o abraçou,
cobrindo-o de beijos.
(Lc 15,20)

No coração do Pai, deixa te estreitar

Ah, esta parábola que revirou vidas inteiras![77] Um moço exige a sua herança (maneira de "matar" o pai, tratando-o como já morto). Em vez de *estar* com o pai, ele quer possuir o seu *ter*. Em vez de receber, quer apoderar-se. Ele se fecha batendo a porta. Esbalda-se em orgias e devassidão, outra maneira de matar-se. Mas ei-lo morto de fome. Sonha com os restos bons para os porcos. Todavia, não é um porco. Antes de voltar para a sua casa ele "entra em si mesmo". Da superfície, desce ao seu coração. Ele o pressente: não foi feito apenas para o artificial. Voltar para casa simplesmente por causa do bom pão fresco! Ter o que comer, mas, além disso, voltar à fonte da vida...

Durante muito tempo de errância e de sofrimento, o pai, dia após dia, hora após hora, espreita cada instante, perscruta o horizonte. De repente, ei-lo lá longe. É ele! Nenhum minuto a perder. Ele corre (proibido aos adultos). A impaciência do amor vence

---

[77] "Só o coração de Cristo que conhece as profundezas do amor do Pai pôde revelar-nos o abismo de sua misericórdia de uma maneira tão simples e tão bela" (CIC n. 1439). "A inesgotável parábola da misericórdia, que exprime a essência da misericórdia" (João Paulo II).

a dignidade.[78] Ele sequer o deixa prostrar-se. Eis que estão um nos braços do outro: abraço comovente![79] De um golpe caem receios e apreensões, defesas e resistências últimas.[80]

Esta é – nas palavras de todos os dias – a revelação transtornante de um amor de sempre. Ainda que na *realidade* seja mais fabuloso, de fato, o Pai despacha o seu próprio filho à sua procura. E, para encontrá-lo, é ele que terá fome e será tratado como um animal!

Neste sacramento, deixa-te ser mimado pelo Pai de toda ternura, estreitado ao seu Coração. Há longo tempo, talvez, ele te esperava, te desejava, te espreitava. Afinal, o que é o pecado senão uma ferida infligida

---

[78] "Não é o pecador que volta a Deus para pedir-lhe perdão, mas é Deus quem corre atrás do pecador e que o faz voltar a ele" (Cura d'Ars).

[79] "Com um beijo o pai perdoa a falta de seu filho, cobre-a com seus abraços. O Pai não tem mais olhos para o mal quando, na sua ternura, estreita os seus" (São Pedro Crisólogo). "Temes uma afronta? Ele te restitui a dignidade! Tens medo de um castigo? Ele te dá um beijo! Receias uma censura? Ele prepara uma festa!" (Ambrósio de Milão).

[80] Pense-se nesses gestos tão paternais de João Paulo II abraçando longamente crianças e jovens apertando-os em seus braços, beijando suas testas. Pensemos naqueles bispos dos primeiros séculos, chorando de alegria ao receber de novo na Igreja os grandes pecadores, no final de sua maratona de penitência pública.

a essa relação amorosa de confiança entre o Pai e seu filho? Como é difícil, às vezes, deixar-se amar. No entanto, como é simples!

Um hino da liturgia oriental coloca sobre os lábios do Pai: "Eu o vi e não aceito desprezar a sua nudez. Não suporto ver assim a minha imagem divina, pois o opróbrio de meu filho é minha vergonha. E considerarei minha a glória do meu filho. Apressai-vos, pois, meus servos, para devolver a beleza a todos os seus membros. Porque eles são o objeto de meu amor".

Quando Teresinha sofria uma queda, ela estendia os braços: "Papai, castiga-me... mas com um beijo". Como o beijo de um amor incandescente, o perdão queima tanto os lábios estremecidos do Pai como o coração trêmulo do filho...

Como me escreveu uma jovem que sabe do que fala:

> A misericórdia do Pai! Uma palavra só e única! A misericórdia é seu rosto! Misericórdia e Pai: as duas realidades de que nosso mundo tem uma necessidade vital, com o risco de perecer por falta de misericórdia e por falta de Pai.[81] Ele afoga o ódio, o não-perdão, o não-

---

[81] No quadro tão conhecido de Rembrandt, o pai põe sobre seu filho uma mão *paterna* e uma mão *materna*.

amor, verdadeiro polvo que sufoca e cujos tentáculos o penetram: julgamentos, dureza, agressividade, crueldade e egocentrismo.
Mundo de concorrência em que não se dão presentes, onde é preciso esmagar o outro. E por falta de Pai, deriva, erra, traveste-se e geme nas calçadas em seus filhos com os olhos apagados.
A misericórdia é a ferida do Pai, seu tormento de amor! Que não o deixa nem de dia nem de noite em repouso. Ferida aberta pela paixão por nós!
A misericórdia é sua única Justiça. Ela não conta, não disseca, não argumenta, não faz perguntas – estreita em seus braços! Corre na frente do filho que volta! Não diz palavras calmantes: "Não te preocupes! Não é nada!". Apenas rompe o silêncio pela batida de seu Coração contra o coração do filho reencontrado. Depois ela o põe de novo de pé. Na luz!

Esse perdão faz seres o que és, um filho, o filho do Pai!

Aos sacerdotes se pede que tenhamos um rosto e um coração de Pai. Assim como me escreveu outro jovem:

> Um rosto do Pai que seja solidário na palavra dada, e mansidão, paciência e ternura. Não uma caricatura, como quem fez a lei e a impõe pelo temor. Mas um ícone, aquele que toma pela mão, abre o caminho,

aponta o céu estrelado, entrega seu coração. Um pai que tem um coração em cujos batimentos a vida se apazigua e cura. Sim, através das pulsações do coração do pai o Senhor cura as profundezas que a palavra não alcança.

Um pai, mas não aquele que diz *não!*, mas aquele que dá *seu Nome*. Que revela a sua identidade, sua unicidade, sua beatitude. Aquele que, por sua paternidade, *filializa*.[82] Que nos dá seu Coração.

Festejar o nascimento de um filho

Durante uma sessão em Paray le Monial, dois adolescentes se aproximaram de mim: "Estejas pronto para as 23 horas naqueles pinheiros lá". Exatamente às 23 horas, estavam lá. Eram três: "Aqui está João Marcos. Faz dois dias que estamos nos preparando para pedir o perdão de Deus. É um grande sujeito. Está pronto. Vamos". João Marcos tem 19 anos. Fiz questão de lhe dizer que ele está completamente livre e propus que ficasse sozinho comigo. "Não, quero que meus dois novos amigos me ajudem. O que carrego é tão pesado que não conseguiria sair disso sozinho." Durante uma boa hora, foi a dolorosa operação cirúr-

---

[82] A expressão de são Paulo para adotar é, de fato, filializar.

gica, um verdadeiro parto. Menos que pecados seus a dar à luz de Deus, era João Marcos que nascia para o mundo da luz. Ajudado por seus companheiros, como duas parteiras. No final, só era preciso dançar, sob os olhos intrigados do vigia que punha sobre nós a luz de sua possante lanterna e agitava febrilmente as chaves da grade do parque. Mas o essencial estava feito: os anjos dançavam e o jardim de João Marcos estava reaberto. "Nesta noite estarás comigo no Paraíso!"[83]

Deixa-te acolher nos braços dos irmãos

O filho mais velho se insurge, se zanga, se fecha; seu ciúme é mais grave que a devassidão do mais novo. Ele se recusa a entrar na alegria do Pai. Recusa-se a participar de sua ternura. Fica no nível da culpa. Seu pai lhe diz: *teu irmão*. Ele replica: *teu filho* (e não, meu irmão!). Então o pai tem uma palavra perturbadora: "Tu sempre estiveste comigo, tudo o que é meu é teu". A mesma palavra que Jesus dirá ao seu Pai![84]

---

[83] Catarina, 10 anos: "Mamãe, vais fazer como Zaqueu, encontrar Jesus? Depois, a tua vida estará toda mudada". No final de uma luta interior de oito dias, a mãe volta a Deus depois de numerosos anos. Sua vida é outra.

[84] Ver a bela meditação de Cristina Ponsard (faleceu em 2004) em *Famille Chrétienne*, 12 de março de 2004.

Mas, na realidade da confissão, são os irmãos que acolhem, com uma alegria sem nome, o seu próprio irmão que voltou "para nós".

O pecado nos afasta da Casa Igreja.[85]

A confissão nos reúne em nossa família. O pecado fere todo o corpo da Igreja, a confissão cicatriza essa ferida: "Eu me confesso a Deus diante de *meus irmãos*". Os da terra, mas também os do céu, dos quais *Maria* e nossos amados irmãos, os *Anjos* (no rito de São Pio V foram acrescentados alguns santos). O pecado nos separa tanto dos irmãos como do Pai, tanto da Igreja como do céu. Todo pecado, mesmo o mais íntimo, reveste uma dimensão social, eclesial; quer eu pense nisso ou não, é assim.

> As conseqüências do pecado são causa de divisão e de ruptura não somente no interior de cada homem, mas também nas diferentes esferas de sua existência: família, ambiente; profissão, sociedade (...) Em virtude de uma solidariedade humana tão misteriosa e imperceptível como real e concreta, o pecado de cada um repercute de uma certa maneira sobre os outros, a tal ponto que se pode falar de uma comunhão no pecado pela qual uma alma que se abaixa pelo pecado, abaixa com

---

[85] "A Igreja não pode perdoar nada sem Cristo, e Cristo não pode perdoar nada sem a Igreja. E a Igreja não pode perdoar nada senão àquele que Cristo tocou primeiro" (Isaac de l'Étoile).

ela a Igreja e de certo modo o mundo inteiro (João Paulo II, RP 13 e 16).

A confissão é, portanto, a comunhão alegremente reencontrada. "Aquele que receberdes de novo na vossa comunhão, Deus o acolherá também na sua" (CIC 1445). É a integração no corpo.

Belas e fervorosas celebrações podem exprimir esta dimensão comunitária da Reconciliação.[86] Por exemplo, todos, após terem se confessado pessoalmente, dão uns aos outros um alegre beijo da paz.

Nenhum pródigo sem perdão se o busca.
Ninguém está longe demais de Deus.
Vêm as lágrimas onde o filho renasce.
Alegria da volta ao Pai!

Nenhuma ferida que sua mão não cure.
Nada está perdido para Deus.
Vem a graça onde a vida recomeça.
Chama brota das cinzas!

---

[86] O novo ritual da Penitência insiste na beleza da celebração penitencial que "manifesta mais claramente a natureza eclesial da penitência. *Todos juntos* louvam a Deus pelas maravilhas que ele realizou". Precisar que essas celebrações comunitárias implicam a confissão pessoal, só com um sacerdote, durante a celebração. Mas é assim envolvida por um clima litúrgico que favorece grandemente a caminhada espiritual.

Nenhuma treva sem esperança de luz.
Nada está acabado para Deus!
Vem a aurora onde o amor surge.
Canto de uma manhã de Páscoa!
(Hino cisterciense)

Flores de paz, frutos de caridade

Na esteira da confissão, quantas flores desabrocham, quantos frutos podem amadurecer... Sim, inumeráveis e, às vezes, imprevisíveis os seus fragores.

"No meu colégio, nós tínhamos três dias para um retiro de classe. Boa parte desses jovens de quinze/dezesseis anos iam ao retiro quase contra a sua vontade. A prática religiosa e a fé não eram para eles mais que uma lembrança longínqua. Depois de diferentes testemunhos sobre o perdão, eles são convidados a entrar na graça desse sacramento. Para minha grande surpresa, 15 de cada 20 se confessaram, sendo que alguns estavam entre os mais irredutíveis da classe.

No dia seguinte, o ambiente do retiro mudou. Nos pequenos grupos de partilha, perceberam que os que se tinham confessado na véspera estavam como que *libertados*. Isso foi decisivo para três dentre eles que também se tinham confessado. De volta ao colégio, a mudança de alguns interpela vários professores. Por outro lado, no primeiro curso que tive com eles após

esse retiro, qual não foi a minha surpresa ao encontrar no meu escritório um envelope contendo o produto de uma *coleta* para o Terceiro Mundo que até então eu tentara em vão realizar na classe. Além disso, agora foi possível começar meus cursos para um *tempo de oração*, o que antes era inimaginável.
Pouco depois, a direção do internato me disse que vários de meus alunos se encontravam toda noite no oratório para orar e *adorar*, e levavam outros. A *evangelização* começou naturalmente no liceu; foram os próprios alunos que assumiram as coisas" (João Francisco).

Senti que ele me queria menor...

"Fazia mais de quinze anos que eu não tivera uma confissão verdadeira. Dizia o superficial, mas guardava o mais grosso. No entanto, eu animava a missa; ao cantar eu me dizia: 'você é um pouco orgulhoso, fazes todo mundo cantar e não és claro contigo mesmo!'. Vivia entre dois fogos, estava em pleno combate.
Em Paray, falou-se da confissão. Gostaria de ter ido me confessar, mas... precisava de ajuda ou auto-serviço. No domingo, fomos exortados a louvar com muita foça. No acampamento, minha mulher me disse: 'Passa-me o açúcar'. Sobre o pacote de açúcar encontrei a Bíblia. Abri-a e li: 'Pecadores, voltai a ele'. Estava decidido: eu ia confessar-me. Na missa, uma profecia disse: 'Meu perdão é mais forte que o teu pecado; aproveita a graça

que agora te ofereço'. Em seguida, ouvi uma palavra de ciência: 'Na basílica há um homem que está dividido; hoje o Senhor o liberta e manda que vá receber o sacramento da reconciliação'. Em volta de mim, as pessoas perguntavam o que tinha sido dito, apenas eu tinha compreendido. Então, joguei-me na água; disse tudo o que estava escondido, esqueci de dizer o resto! Chorei, dizia sim, sim, sim! Sentia-me tão libertado! Para agradecer, fui à capela nesta noite. Sentei-me. O Senhor me disse: não! Fique de pé. Não! Percebi que ele me queria menor: ajoelhei-me; ele me pedia mais, estendi-me. Ele deve ter dito mais ainda! Então abri os braços em cruz. Tive a calma completa e adormeci" (Estêvão).

Primeiro de abril às vinte e trinta...

"Eu estava na terceira série e fazia dois anos que não acreditava mais em Deus. Ele não me interessava. Eu estava bastante bloqueada, fechada em mim mesma. Eu não sorria nem ria quase nunca, era indiferente aos outros.

Durante uma reunião, um sacerdote nos propôs o sacramento. Eu me dizia que era impossível que Deus perdoasse os pecados. Éramos dois mil num ginásio; estava quente e fui dar um passeio, dizendo: 'Senhor, há muita gente que crê em ti, mas para mim não é possível'. De repente, deparei-me com um padre e comecei a dizer-lhe o que tinha contra Deus e que, para mim, Deus não era nada. O padre simplesmente me escutou, visivelmente ele orava por mim e isso me incomodou. Pensava: 'Por que ele reza ao seu Deus, que para mim não é nada?'. Nesse momento, aconteceu alguma coisa muito forte em mim: senti que, mesmo com esses dois anos passados sem Deus, Deus contudo me amava, que estivera verdadeiramente presente e que, nesse exato momento, ele manifestava-me todo o seu amor. Em cinco, dez minutos, toda a minha vida mudou. Pedi perdão a Deus por tudo o que pudesse ter dito contra ele e também contra meus pais, pois nesse momento tinha muitos problemas com eles. Após ter-me escutado, o sacerdote me deu a bênção. Andei dois ou três metros e tive o sentimento de que Deus estava lá, presente, e que Cristo me amava com um amor louco, como eu nunca imaginara. Nesse momento, eu, que nunca chorava, comecei a chorar e, ao mesmo tempo, fui tomada de uma alegria extraordinária. Isso aconteceu num primeiro de abril às vinte e trinta, e pregaram-me uma peça nesse dia. De volta à escola, todos os meus colegas me diziam: 'O que tens? Tu mudaste, não és mais a mesma?' Comecei a dizer para mim mesma: 'Estou com problema, alguma coisa está errada comigo'. Depois um professor me disse também: 'Não és mais a mesma, mudaste'. Um dia, fui tomada por uma palavra sobre a Ressurreição e a Vida. Ele me fez descobrir que amava a sua Igreja como ela era, com toda a sua pobreza. Ele me fez compreender como a sua Igreja era bela e me ensinou a amá-la cada vez mais" (Maria Cecília, 19 anos).

Músicas e danças: que festa!

Toda carne vem a ti por causa de seus pecados.
Nossas faltas são mais fortes que nós,
mas tu no-las perdoas.
Dão gritos de alegria e cantam.
(Sl 65,3-4.14)

Senhor, tu me curaste, livraste minha vida
da morada dos mortos.
Ao anoitecer pode vir o choro,
mas o júbilo vem pela manhã.
Converteste meu luto em dança,
mudaste minha roupa de luto em traje de festa.
(Sl 30,4.6.12)

Onde o pecado se multiplicou,
mais abundante tornou-se a graça.
(Rm 5,20)

E começaram a festa.
O filho mais velho estava no campo.
Ao voltar, ouviu a música e as danças.
(Lc 15,24-25)

Músicas e danças: que festa!

Mal o filho começara a balbuciar a sua pequena frase bem preparada e decorada – "Pai, pequei..." –, que o pai não deixa que ele termine. Deixa apenas que ele exprima o seu arrependimento. Interrompe-o bruscamente. Em seguida, ordena. O quê? Castigo? Quarentena? Trabalho forçado? Não! Festa! "Depressa, matai um bezerro. Trazei vinho. Chamai um alfaiate, joalheiro e perfumista, orquestra e dançarinos". Ele se esbaldou, que agora esbalde a festa![87]

Orquestra, músicas ritmadas, cantos, danças à vontade. Casa cheia. Prova: lá longe, no campo, o filho mais velho escuta. "Também as mulheres e crianças participaram da festa [em Jerusalém], e as manifestações de alegria se podiam ouvir de longe" (Ne 12,43).

A velha casa irradia mil pontos de luz. Não de fogos de artifícios, mas fogos de amor que nenhuma tempestade consegue apagar.

Grande alegria entre os anjos. Alegria transbordante do Pai. E Jesus – que é a alegria em estado

---

[87] *Túnica branca* para vestir Adão e Eva que o pecado desnudou. *Anel*: participação no poder real e também sinete da família. *Calçado*: sinal de liberdade e para partir em busca de seus irmãos perdidos.

puro – vibrando de alegria sob a ação do Espírito da Alegria.[88]

A mesma alegria exuberante do pastor, da mulher que encontra a sua moeda! O próprio Deus é testemunha... Mais alegria no céu por uma única ovelha reencontrada! E Maria se torna a alegria de todas as alegrias.

Podes alegrar a Deus!

Dizer a luz com as flores, respirá-la com o incenso

Sim, este sacramento *luz* deve ser um sacramento *alegria*. É preciso restituir a ele o seu caráter de luz, de beleza, de juventude. Fazer a sua celebração festiva, uma festa de beleza. Nas reuniões, tenho visto jovens que se confessaram durante uma noite e terminaram com uma dança em torno do altar. E com eles se misturavam os padres que lhes tinham devolvido a alegria de Deus, que tinham entregado cada um aos braços e ao Coração do Pai.

---

[88] "Depois da confissão, eu me sinto *livre de mim...* e a alegria de Jesus em nos ver confessar é imensa no céu" (Nicolau, 11 anos).

Tantos gestos e símbolos podem ser encontrados: pôr a estola sobre a cabeça como no Oriente, fazer beijar um crucifixo ou um ícone, cantar as palavras da absolvição. O sacerdote, salvo em caso de urgência ou em viagem, deveria sempre estar *de alva*. Natanael, quatro anos, se recusa a confessar-se com um monge que não está vestido com seu hábito: "Não! Não em roupa de trabalho!". E o padre da Igreja do Oriente veste os paramentos de Páscoa cada vez que atende confissão.

Na JMJ 2000, centenas de milhares de jovens confessaram-se ininterruptamente no Circo Massimo; dois voluntários preparavam cada um rezando com ele. Dois outros, à saída, para ajudar a dar graças e jogar um punhado de incenso num braseiro gigantesco; a Cruz esfumava-se nas espirais de fumaça, e o perfume enchia todo o centro de Roma.

No fim de uma confissão, gosto de dar uma vela acesa: "Até à próxima operação-luz, tu a acenderás cada noite para, à sua luz, 'tirar' da Palavra uma palavra para ti. De palavra em palavra, de chama em chama, estarás. Quando a vela estiver consumida, voltarás".[89]

---

[89] Numa noite, na catedral de Orleães, centenas de jovens faziam vigília em adoração. Durante toda a noite, pequenos tocos de velas iluminavam progressivamente uma imensa cruz no átrio.

Eu me lembro de Sommervieu, do Pão da Vida, o Pentecostes dos pobres. Para marcar a presença dos sacerdotes que formavam um vasto semicírculo sob as faias gigantes, os "ministros" tinham suas tochas crepitantes. Sob esse luar de incêndio, esplendor dos rostos, muitas vezes em lágrimas, deixavam-se iluminar suavemente pelo sacramento da luz! Cada um deles que fazia esse gesto de reconciliação recebia uma vela que ia depositar numa imensa cruz que acabou abrasando-se na noite escura. E o Evangelho nessa noite? O do último dia da festa das Tendas, que era, precisamente, na piscina de Siloé, celebração da luz e da água viva.[90]

Ainda nesse fim de-semana parisiense de Juventude-Luz. Depois de se terem confessado – os padres formavam uma grande coroa nas capelas laterais da igreja de São Gervásio – cada um vinha espetar um crisântemo dourado na grande cruz erguida no momento do ofertório ao lado do altar. Uma cruz de flores!

Pelas duas horas da madrugada, havia apenas luz, para admiração dos carros que subiam a grande avenida Joanne d'Arc.

90 Em Lourdes, durante um *Fraternel* (reunião anual de jovens), o cardeal Lustiger propusera aos seus jovens que se aproximassem dos padres, com uma venda nos olhos, como Moisés, com medo de ver a Glória... Tiraram a venda em volta deles, com o rosto radiante.

Eu pensava nas ruas de Varsóvia sob o comunismo, em torno das quais se cantava com os dedos em V da Vitória, porque da Verdade, da Vida. Cada confissão não é uma vitória da Verdade sobre a mentira, latente ou patente? Vitória da Vida sobre nosso câncer mortal, dissimulado ou reconhecido?

> "Jesus deixou sobre todas as nossas cruzes a flor do perdão" (Brígida, 6 anos).

O que mais me toca é quando um jovem se confessa pela primeira vez na vida, depois de viajar, às vezes, durante horas – ou quilômetros – se está em peregrinação a pé ("Fiz uma confissão de... doze quilômetros"). Aqui não há volta – porque não chegou a conhecer a casa paterna –, mas a vinda tão espreitada, esperada, desejada pelo Pai. Nestes casos, gosto de gestos mais marcantes: celebrar com capa magna com a qual posso envolvê-lo, sinal do grande manto da compaixão paterna – se for o caso, vesti-lo com uma alva, sinal de que reencontrou a sua inocência batismal.

Essa alva nupcial que todo batizado devia usar em cada missa dominical e com a qual deveria ser sepultado. Amo a família que, toda vez que uma *criança* se confessa, oferece um almoço de festa: flores, velas, roupa branca, cantos acompanhados de violão. Nada falta!

Ah, as crianças! No último dia de uma sessão em Paray, fui despedir-me de um grupo de crianças. Ao chegar ao estacionamento, um homem com o rosto crispado saiu do seu carro (estava para partir): "O senhor pode me confessar?". E lá, sobre a relva do acampamento municipal, ele mergulha na piscina do Coração Aberto, pela primeira vez depois de trinta anos. E as crianças cantam: "Podes nascer de novo, podes recomeçar tudo, varrer tua vida passada!... Com Jesus como pastor!". Uma hora antes, sentindo-se muito triste, ele interrompera o seu piquenique para pedir a Jesus que não deixasse o lugar sem antes ter voltado para Deus. Ele devia a sua nova infância à sua confiança.

Eu não lamento ser sacerdote de Jesus. Ministério de glória e de esperança, quantos milagres já não fez! Quantos cegos recobraram a visão! Quantos surdos se abriram à Palavra! Quantos paraplégicos não passaram a dar cambalhotas! Como cordeiros! Com o Cordeiro! Devo ter cansado os seus anjos, tantas vezes convidados à festa!

Eu tinha comparado a confissão a uma operação estética a laser. O laser decodifica também um CD. Assim o perdão libera a música secreta de teu coração – que é canto de louvor, de amor nos teus lábios; ela faz o louvor florescer (Is 57,19).

Toda confissão deve culminar em louvor. Como toda Eucaristia em ação de graças.

> O louvor é, por excelência, o antipecado. Se o pecado-mãe é a recusa de glorificar a Deus e de lhe dar graças, então o contrário do pecado não é a virtude, mas o louvor! O louvor imola e destrói o orgulho do homem. Quem louva a Deus sacrifica-lhe a vítima mais agradável que há: sua própria glória. É nisto que reside o extraordinário poder purificador do louvor. No louvor esconde-se a humildade. Não existe nada que não possa ser transformado, se nós o quisermos, em palavras de louvor e de ação de graças para com Deus, nem mesmo o pecado! Posso glorificar a Deus mesmo pelo meu pecado. Não porque pequei, mas pelo que Deus fez em relação ao meu pecado: por ter guardado minha vida e não ter retirado de mim a sua misericórdia.[91]

Louvor que termina em adoração tranqüila?

> "Ontem à noite, ao rezar, não sabia mais o que dizer, nenhuma palavra mais me vinha aos lábios. Só o louvor podia fluir de meu coração, um louvor claro que enchia todo o meu ser. Depois não ia muito longe. Só

---

[91] Raniero Cantalamessa, op. cit., p. 145.

o silêncio de adoração podia traduzir o que eu sentia. É bom ter um Senhor tão maravilhoso!

Para que se faça luz em mim é preciso empregar os grandes meios (não fui eu quem os empregou, foi Jesus!). Esse grande meio foi, certamente, o sacramento da luz. Recebi o perdão de Jesus como nunca o tinha recebido; e, depois desse ato de confiança e de simplicidade, pude apresentar a Deus um coração lavado, purificado. Então, adorei o meu Senhor durante a noite toda e estava bem.

E a partir desse perdão de Deus, que aceitei plenamente, tudo se desbloqueou pouco a pouco; tive (e tenho sempre) uma grande sede da Palavra, única Verdade. Agora quero dar ao Espírito Santo toda a minha vida; que só ele a conduza, não eu" (Ana, 16 anos).

Nossa Teresinha já dizia, sobre quando se confessara pela primeira vez: "Ao sair do confessionário, eu estava tão contente e tão leve como nunca tinha me sentido, com tanta alegria na minha alma".

Onde o sacramento-luz se abre ao sacramento-Amor

Festim nupcial, é preciso ir a ele com roupa de núpcias: a veste nupcial oferecida pelo Senhor na entrada. Porque as núpcias são preparadas! A gente toma banho, penteia-se, perfuma-se! Antes de beber o sangue do Cordeiro, eu me lavo! Alvejo aí a minha roupa batismal! Seja qual for a mancha ou dobra.[92]

A *reconciliação*, sacramento do *sangue*. Do "sangue da verdade". A *Eucaristia*, sacramento do corpo. Do corpo da Vida. Nunca um sem o outro. Inseparáveis, o sacramento da *luz* e o do *amor*. O de *Pentecostes* e o da *Páscoa*. O primeiro em vista do segundo.

No Oriente, ninguém pode comungar sem primeiro confessar-se (geralmente com outro padre e não com o celebrante da divina liturgia).

No Ocidente, muitos ousam comungar com uma temível inconsciência, com pecados graves na consciência. Se não foi possível confessar-se antes, pelo menos ter a intenção firme de fazê-lo o mais cedo possível. Aliás, é preciso levar muito a sério a liturgia chamada penitencial, que inicia cada missa.[93] Não ne-

---

[92] Uma jovem casada precipita-se logo antes da missa de casamento que me preparo para celebrar. Ela quer, a todo custo, confessar-se, mas em seu vestido de seda, aliás imaculado, ela fez uma pequena mancha na altura dos joelhos, que chama a atenção. Então eu, antes de lavar a sua alma, ajudei-a a eliminar essa mancha infeliz. Riu-se muito! Mas depois!

[93] O sacerdote se reconhece pecador entre os pecadores. Na Sexta-feira Santa, ele se deita no chão durante um longo momento de silêncio total. Em certas circunstâncias, por que não retomar este gesto cativante, que, aliás, lembra a sua ordenação?

gligenciemos essas belas orações que precedem a cada comunhão. "Que teu corpo e teu sangue não sejam para mim juízo nem condenação, mas me dêem a cura." Depois que já se cantou três vezes (e na África é repetido dezenas de vezes) "Cordeiro de Deus, que tiras o pecado do mundo, tende piedade de nós".

Antes de repousar a cabeça no peito de Jesus, a colocas sobre os seus joelhos, como diz simplesmente Catarina de Sena. Antes de rir e de cantar com ele, sobre ele choras, sobre ti deixas que ele chore. É assim que a gente o ama, para isso se é de sua região.

Uma ressurreição em vista da Ressurreição

Ele despedaçou e nos há de curar;
ele feriu e cuidará da nossa ferida.
Após dois dias nos fará reviver,
no terceiro dia nos levantará e viveremos
em sua presença.
Certa como a aurora é sua vinda.
(Os 6,1-2)

Ele estava morto e voltou à vida.
(Lc 15,24)

Ele está vivo!

Sacramento-*luz*, sacramento-*alegria*, porque sacramento-*vida*: Deus só pode perdoar *porque ele* é fonte de toda a vida. O grito que brota do coração do Pai a cada confissão é: "Meu filho estava morto e voltou à vida!".

E é exatamente por isso que é preciso fazer festa.

Não foste apenas *vivificado*, mas já *glorificado*, *transfigurado* pela beleza de Deus. E isso, no sangue de Deus! Sim, *sangue*-ti-ficado!

Sangue capaz de destruir todos os pecados do mundo: cada perdão é *cura* tanto de ti como do universo. Sangue que nos dá vida: cada reconciliação é uma *ressurreição*. Sangue que irradia glória: cada confissão é glorificação.[94]

Sangue que já me *imortaliza*: cada perdão me recoloca na órbita de vida divina, me re-situa na minha trajetória, para a *glória*. Orienta-nos para o essencial: o *céu*...[95]

---

[94] "A remissão dos pecados não é mais doce do que qualquer mel? A ressurreição dos mortos não é mais graciosa que qualquer flor?" (Ambrósio de Milão). "Mesmo se uma alma estivesse decomposta como um cadáver e que tudo estivesse perdido sem que humanamente houvesse qualquer possibilidade de *ressurreição*, não seria assim para Deus; um milagre da Misericórdia divina ressuscitaria essa alma em toda a sua plenitude. Infelizes aqueles que não se aproveitam desse milagre da Misericórdia divina! Vós a invocareis em vão, quando for tarde demais!" (Santa Faustina, *Diário*, QV, p. 476).

[95] No Canadá e nos Estados Unidos, durante os retiros "Rachel's Vineyard" para a cura da síndrome pós-aborto, a sexta-feira é marcada pelo sacramento da Reconciliação e o domingo por uma alegre missa da *Ressurreição*. Aí se recebe "um certificado de vida" para seu ou seus filho(s) no céu. Uma delas disse: "Tudo em mim estava entorpecido durante doze anos. Pela primeira vez, minha

Como esquecer essa moça surpreendida em plena noite, na rua, preparando-se para cortar as veias? A única coisa que pude oferecer-lhe, mas a mais eficaz, a mais instantânea: o perdão de Deus. Imediatamente depois, ela entra numa capela aberta, atravessa a multidão densa, para ajoelhar-se exatamente diante do corpo de Jesus. Foi em Paray le Monial. Jesus, por seu pobre instrumento, a tinha arrancado da morte... física!

O último encontro: tu me amas?

Cada encontro com o senhor Jesus no sacramento prepara de maneira imediata (sem mediação) o último encontro de uma pessoa com esse *mesmo* senhor Jesus; não mais velado pelo rosto de um pobre padre, mas em todo o brilho de seu esplendor. Rosto contra rosto. Os olhos nos olhos.

A confissão: todo homem é feito "para". Para um encontro de pessoa com pessoa, que é um a sós com Deus. Onde tudo pode ser dito. Sem a sombra de vergonha; onde tudo pode ser confiado, confessado: toda *confissão* é uma *confiança*. Talvez a máxima possível.

---

cabeça e meus pensamentos estiveram claros, minha cabeça livre. Enfim, estava perdoada, libertada".

Duas confissões marcaram minha vida.

A última de meu pai. Logo após ele se pôs a dançar no jardim, quando seus joelhos já estavam esclerosados, cantando com toda a sua voz: "Jerusalém, Jerusalém, tira teu manto de tristeza e veste a beleza da glória de Deus". Ele trabalhara muito em Jerusalém, na reconstrução da basílica de Eleona, a da Ascensão e da volta de Jesus em Glória, e daí vinha o seu ímpeto para a outra Jerusalém, e o seu Senhor não tardou a vir chamá-lo.

A última de minha mãe (nem eu nem ela sabíamos que era a última vez, mas o Senhor sabia). Ela teve estas palavras de doçura e de esplendor: "Veja, quando ele vier me buscar, eu não quero que haja tristeza em seus olhos, nem lamentos no meu coração. Mas que haja apenas a pura alegria de nos reencontrarmos".

Uma semana mais tarde, em missão com *Jeunesse Lumière* no Gabão, soube por telefone que o Senhor viera buscá-la *como um ladrão*. De fato... morta por um ladrão! Era de madrugada, terceiro domingo de Páscoa. O evangelho: Jesus, depois de uma longa noite de pesca infrutífera, espera os seus na margem ao amanhecer. João, na intuição de seu coração, adivinha imediatamente: esse estranho pescador é... o Senhor!

Na praia: uma pequena fogueira, peixe assado e pão. Jesus em toda a sua glória... preparando o "café da manhã" de seus apóstolos desanimados. A aurora que se levanta, o fogo de brasas devem ter lembrado alguma coisa a Pedro. Mas Jesus não lhe censura nada. Ele não lembra aquela madrugada da sexta-feira. Tem apenas uma pergunta, só uma: "Tu me amas? Amas-me mais do que tudo? Ainda me amas? Tu me amas para sempre?".

Não será um outro fogo que me purificará no último dia. Como suportar o calor dessa chama matinal se, durante minha noite, recusei a sua doçura? O perdão que, ao ver o sol se levantando do rosto de Jesus, eu implorarei, não é outra coisa senão aquilo que mendigo, lua após lua, durante a noite breve demais ou longa demais, seguindo as horas de minha vida.

Debaixo desse sol toda a minha obscuridade estará a descoberto. Ele não me ocultará nada de sua luz; nada da minha miséria poderei esconder dele: "Todos os meus segredos à luz de tua face" (Sl 89). Portanto, começar a partir de hoje. Desde hoje fazer-nos pequenos em sua mão. Essa mão tão suave na qual todos cairemos um dia. Mão sempre traspassada para ser transfigurada. Nascida do Amor e feita para o Amor.

Terias vergonha de um tal Deus? Não estarias orgulhoso e feliz por um tal Deus?

Estarias verdadeiramente interessado num outro?

O que fazes do teu Deus, da sua misericórdia? Livras-te dela?

O que fazes de seus perdões? Tu os desperdiças?

O que fazes de seu sangue? Tu o esterilizas?

O que fazes de seu coração paterno? Tu o traspassas?

O que fazes de seu rosto de criança? Tu o velas?

III

O perdão no nível horizontal: o perdão dado, torrente de compaixão

Sede bondosos e compassivos uns para com os outros,
perdoando-vos mutuamente, como Deus
vos perdoou em Cristo.
(Ef 4,32)

Perdoai-vos mutuamente toda vez que tiverdes queixa
contra alguém. Como o Senhor vos perdoou,
assim perdoai também vós.
(Cl 3,13)

Todo perdão recusado é dom esterilizado

Mas por que, então, este perdão tantas vezes não dá frutos? É que aceitamos ser perdoados pelo Senhor, mas nos recusamos a *transmitir* esse perdão àqueles que nos ofenderam, magoaram, decepcionaram. Recuso-me a fazer do perdão recebido um perdão dado. Coloco-o no refrigerador. Esterilizo o sangue de Deus.

Jesus não diz "como nós perdoaremos", mas "como eu perdôo".[1] É o cúmulo! O mundo ao avesso! É exorbitante. Deus parece ligar seu perdão àquele que o dá.

Santa Teresa se admira:

> Como é preciso que o Senhor ponha em alta estima esse amor mútuo! Jesus, de fato, poderia ter apresentado a seu Pai outras obras e dizer: perdoai-nos, Senhor, porque fazemos uma rigorosa penitência, recitamos longas orações, jejuamos, quitamos tudo para vós, nós vos amamos com grande amor. Ele também não diz "porque estamos prontos a dar a nossa vida por vós", nem muitas outras coisas que poderia dizer, mas somente "porque perdoamos". Pedir uma coisa tão considerável, tão importante como a do perdão de nossas

---

[1] Tradução literal: "Remite as nossas dívidas, assim como nós remitimos os nossos devedores".

> ofensas por nosso Senhor, ofensas que mereceriam o fogo eterno, e isso em troca de um ato tão pequeno que o do perdão que concedemos a nós mesmos! (...) Dizer que julgamos fazer muito ao perdoar uma dessas ninharias que não chegam a ser uma afronta, nem uma injúria, nem qualquer outra coisa; como se tivéssemos feito uma grande ação, vamos pedir a Deus que ele perdoe, porque nós perdoamos!

Não é esta a questão da história contada por Jesus, a do servo perdoado que, por sua vez, recusou-se a perdoar?

Mas também posso dizer humildemente: "Como gostaria, como tento perdoar". Infelizmente, o inverso é também totalmente verdadeiro. São Paulo diz: "Assim como Cristo vos perdoou, perdoai também vós". A iniciativa é dele.

Reparte o coração de compaixão do Pai. Sê para os outros como ele é para ti. Torna-te doador de perdão. Transmite o Espírito Santo. Liberta, restaura, ilumina, ressuscita.

Sê como Deus, faze como Deus!

Mas em *sentido inverso* também há perdões tão difíceis de dar que sou incapaz de perdoar, se primeiro eu não pedir: "Pai, vês que essa pessoa me fez tanto mal, como queres que eu a perdoe se, antes, a mim, que te fiz tanto mal, dás o teu perdão? Dá o perdão a mim para que eu possa dá-lo aos outros".

A dimensão vertical e a horizontal do perdão são interiores uma à outra. São indivisíveis. Nunca separes o que Deus uniu.

Quando um perdão é recusado, eu me prendo ao meu passado com uma corrente de aço. Meu futuro está bloqueado. Fico preso a tal episódio de minha infância, de minha vida. Tão envelhecido! Drama de tantos perdões indefinidamente reprovados. Quantos amores assim eletrocutados. Quantos lares assim quebrados. Filhos assim esmagados. Jovens assim revoltados. Comunidades assim paralisadas. Pessoas idosas assim desgostosas. Vidas assim desperdiçadas.

Agora abordaremos diferentes *direções* que essa dimensão horizontal toma.

Remeto ao volume seguinte (*Teu irmão*!), tudo o que se refere ao perdão mútuo em nossas relações sociais, sobretudo com nossos próximos, nossa própria família, ou em nossas comunidades.

Veremos também os seus diferentes componentes psicológicos e espirituais.

Aqui me limito a três aspectos precisos: (1) perdoar a Deus e sua Igreja; (2) perdoar a si mesmo; (3) perdoar a seus inimigos.

1. Perdoar a Deus e sua Igreja

É evidente, Deus não precisa ser perdoado. Mas o fato é que tantas vezes temos ressentimento de Deus. Ele é convocado ao banco dos réus, como Jesus diante do sinédrio. Faz-se dele o bode expiatório de todo o mal que nos acomete, o culpado de todos os meus sofrimentos, que no mínimo têm também premissas.

Tu o "perdoas" (se ouso dizer) quando o inocentas de todo o mal, no sentido de que tomas consciência de que ele é totalmente inocente. E mesmo que ele sofra muito mais do que tu por todo o mal do mundo. A prova: tudo o que ele sofreu para nos arrancar do mal, para nos livrar de seu domínio.

Tudo o que te machuca, machuca mais profundamente ainda a ele. Sem medida comum. Ele se pôs no meio para amaciar o choque. O primeiro a ser ferido foi ele.

Tu o perdoas quando ousas dizer-lhe: "Perdoa-me porque quis... Agora sei que não és o culpado, mas sim o teu Inimigo e o mundo que está em seu poder, e também eu mesmo, pelo meu próprio pecado".[2]

---

[2] O paradoxo: parece-me natural que, por um lado, os homens não perdoem e que, por outro lado, Deus perdoe automaticamente. Aliás, há o velho adágio: "O homem perdoa às vezes, Deus, sempre, a natureza, nunca".

Então Deus te diz: "Dá-me o que achas que eu tomei de ti! Oferece-me o que achas que te infligi". E um dia, esse Deus inocente do mal te dirá: "Tu me perdoas por ter permitido tal prova para preparar tua glória de hoje?".

2. Perdoar a si mesmo

"Estou arrependido. Nunca, nunca deveria ter feito ou dito isso. É besteira. Falhei nessa ocasião, omiti tal ação. Deveria ter feito. Tarde demais. Nunca me recuperarei. Não sou nada, incapaz ou culpado demais, eu me detesto." A gente se sente cheio de vergonha. Quem de nós nunca foi torturado por essas lamentações lancinantes? Totalmente estéreis, pois nunca poderei mudar nada do que foi cometido ou omitido.

A única coisa a fazer é implorar o perdão de Deus e os perdões daqueles que feri, caso se trate de outros. Mas o drama é este: freqüentemente essas obsessões me atormentam, mesmo *depois* do perdão recebido! Como se eu de fato não acreditasse nisso. Eis que continuo a censurar-me sem fim por tal falta, falha, derrapagem ou simples gafe.

Isso pode vir de um idealismo, de um perfeccionismo tal, que nunca me sinto à altura da imagem que forjei de mim mesmo. A gente está perpetuamente decepcionado consigo mesmo.

Tal como um combatente sempre escondido na mata, que não sabe que a paz foi assinada e seu exército venceu. A guerra acabou, mas o medo, a angústia continuam.

Por trás dessa amargura há muito orgulho. Não aceito ser limitado, fraco, frágil, pecador. Recuso-me a reconhecer e oferecer carências, defeitos, caráter ruim etc., em suma, nossa *finitude*. Não me amo como Deus me ama – não apesar da minha miséria, mas precisamente *por causa* dela.

Esta auto-culpabilização, esse pós-perdão acarreta uma *auto-destruição* interior.[3] Ela me rói por dentro, me paralisa (ver o que foi dito acima sobre o remorso). O acusador por excelência não pode impe-

---

[3] "Depois de uma ofensa, uma agressão, uma injúria, pode ocorrer uma 'identificação com o agressor' (escapar do estado de vítima ao tomar o lugar do próprio agressor). Mesmo tendo desaparecido a ofensa, continua-se a ser o seu próprio perseguidor. Essa parte da pessoa se torna então tirânica e impiedosa para consigo mesma. Uma parte de si se deixa contaminar pela ação degradante do agressor e se torna cúmplice de seu próprio ofensor. Quem foi molestado corre grande risco de voltar contra si mesmo e contra os outros os abusos de que foi objeto" (Monbourquette, *Comment pardonner*, Bayard, 1992, p. 133).

dir Deus de perdoar, mas consegue às vezes esta autoacusação.

Por que finalmente meu pecado não foi completamente destruído, apagado? Senhor, faze que eu creia nisto, adira a isso, faça disso a minha verdade, esta realidade tão libertadora!

Então eu te suplico: perdoa-te como o próprio Deus te perdoa. Ama-te como o próprio Deus te ama. Deixa de censurar-te. Olha-te com o próprio olhar que Jesus acaba de pôr em ti, ofuscado pela tua beleza.

Finalmente, não devo amar e cuidar do menor e do mais fraco do que eu (Mt 25,40)? Faze a ti mesmo o que fazes para os outros. Não faças a ti mesmo o que não farias aos outros. Trata a ti mesmo com mansidão, com a indulgência de Deus (o que não quer dizer que não sejas exigente contigo mesmo). Em suma, que exigência e misericórdia se abracem em ti e por ti.

3. Perdoar a seus inimigos

O amor aos inimigos é a marca suprema do discípulo de Jesus. A característica por excelência do cristão. O que o distingue de todos os outros crentes. Só Jesus, enquanto Deus, podia pedir uma coisa humanamente tão absurda.

Jesus teve o realismo de reconhecer que (todos) temos de fato inimigos. Ele não disse ingenuamente: vocês não têm inimigos ou nunca haverá inimigos.

Ele ousa fazer uma exigência absolutamente exorbitante, nunca feita por quem quer que seja: não somente perdoar os seus inimigos, mas ir até o ponto de amá-los.

Isso é absolutamente impossível ao homem, na sua natureza ferida pelo pecado. Mas para Deus nada é impossível. Não é ele o único Senhor do impossível?

Para esses perdões que dependem do puro heroísmo, é preciso uma intervenção direta do próprio Deus. É preciso uma efusão fantástica do Espírito de fortaleza.

Nestas páginas finais, quero simplesmente apresentar alguns testemunhos, entre milhares. Eles falam mais forte que todos os sermões. Acreditam que o poder da graça brilha na fragilidade humana. Atestam que Jesus não mentiu e não nos enganou ao ousar crer que somos capazes de amar até lá, de amar, finalmente, como ele!

Tomarei aqui apenas dois campos: as *perseguições* e as *guerras*,[4] lugares de perdões heróicos.

---

[4] No volume seguinte, darei alguns exemplos de perdões heróicos, em situação de paz.

a) Em situação de perseguição

Esses infernos iluminados por uma certa luz

Nada é tão comovente como os perdões dados pelos perseguidos, por causa da fé, aos seus algozes. É o traço característico do martírio.[5] Encontramo-lo em quase todas as Atas dos mártires. "Pai, perdoai-lhes" do Rei dos mártires repercutiu ao longo de todos os séculos, cada vez que um de seus irmãos termina em sua carne o que falta à paixão de Cristo, para sua Igreja, e isso desde o primeiro dentre eles, Estêvão: "Senhor, não lhes leves em conta este pecado" (At 7,60).

O Espírito toma esta palavra divina sobre os lábios do Mestre e a desliza sobre os seus lábios, mas vindo de seu coração traspassado e atravessando o deles.

Rosas e carícias para seu algoz

O pastor Richard Wurmbrandt, da Romênia, que esteve 18 anos na prisão por causa de sua fé, cita um rapaz de 12 anos oferecendo ao chefe de polícia, que prendera seus pais, o buquê de rosas que era para

---

[5] O jovem policial Serguei ouve a bela Natacha, a quem ele bate até a morte, murmurar: "Senhor, perdoa Serguei, ele não sabe o que faz". Perturbado, ele se converteu. Ver *Pardonne-moi Natacha*, Serguei Kourdakov.

o aniversário de sua mãe, pois "ela me ensinou a perdoar". O policial ficou comovido.

Quando eu estava na prisão, num certo momento, fiquei gravemente doente. Meus dois pulmões foram atacados por tuberculose, minha coluna vertebral e meus intestinos também sofriam, meu coração batia forte, tinha icterícia e mais outras doenças. Estava a dois palmos da morte. No estabelecimento em que me encontrava havia uma cela reservada aos que estavam morrendo. Sou o único que saiu dali vivo. Passei aí mais de três anos, enfrentando grandes sofrimentos e, ao mesmo tempo, descobri aí uma grande beleza. Eu estava morrendo; ao meu lado estava um pastor chamado Iscu. Ele fora surrado e torturado de maneira selvagem. Estava agonizando; no entanto, estava calmo. Ele sabia para onde ia. Toda vez que falava, era como se pedras preciosas saíssem de sua boca. Falava das belezas do céu e do amor de Jesus; fisicamente ele estava na terra, mas em espírito já estava no céu.

Na prisão, Iscu estava à minha direita. Deitado à minha esquerda estava o comunista que o havia torturado até a morte e que seus camaradas tinham prendido e maltratado. Agora ele estava a ponto de morrer. Durante a noite, ele despertou e o interpelou dizendo: "Por favor, pastor, diz uma oração em meu favor, os crimes que cometi são tão atrozes que não consigo morrer". O próprio Iscu, que sofria muito, chamou dois outros prisioneiros, apoiou-se neles e, passando lentamente pelo meu leito, sentou-se na beira da cama de seu algoz e acariciou-lhe a cabeça. Foi um espetáculo extraordinário, um quadro celeste. Não foi preciso estar no céu para vê-lo! Nunca esquecerei esta cena: esse gesto de amor por um homem que batera tão brutalmente nele e que era responsável pela sua morte próxima. Depois, as palavras do pastor diziam: "Eu vos perdôo e, de todo o meu coração, vos amo. Se eu, pecador, posso amar-vos e perdoar-vos, quanto mais Jesus, o filho de Deus, ele que é o amor encarnado, pode. É preciso apenas arrepender-vos". Nessa cela não havia espaço para intimidade; fui testemunha das confissões do carrasco contando a ele, a quem havia torturado, todos os seus assassinatos. Depois disso, oraram juntos e se abraçaram. O pastor voltou com dificuldade ao seu leito; os dois morreram na mesma noite.

Era véspera de Natal. Mas não uma noite de Natal em que se celebra aquele que nasceu há dois mil anos em Belém. Nessa noite Jesus nascia no coração de um criminoso.

> Ele era pastor e se chamava Dimitri. Fora surrado, bateram na sua coluna vertebral com um martelo. Uma vértebra fora atingida, ele estava paralisado e só po-

dia mexer a nuca, nada mais. Estávamos presos, como podíamos cuidar do pobre paralítico? Nenhuma água corrente, nenhum pano. Estava deitado na imundície; era impossível para ele estender as mãos para pegar um copo de água. Os que podiam ajudá-lo estavam fazendo trabalho forçado e só voltariam de noite, e o infeliz devia esperar o dia inteiro para receber um copo d'água. Ficou assim na prisão durante vários anos. Era o inferno na terra. Depois, em dezembro de 1989, a revolução estourou na Romênia e o ditador Ceaucescu foi derrubado. Uma era nova começava e Dimitri foi libertado. Reencontrou sua família e seus amigos. No entanto, não estava mais em condições de se deslocar, e os médicos não podiam fazer nada por ele. Mas pelo menos havia alguém para estender uma mão benevolente. Alguém bate à porta; é o comunista que tinha aleijado Dimitri. Ele gritou: "Senhor, não pense que vim para pedir perdão. Não existe perdão para o mal que cometi nem na terra nem no céu. O senhor não é a única pessoa que torturei. O senhor não pode me perdoar, ninguém pode perdoar-me. Nem Deus. Meu crime é monstruoso. Vim simplesmente para dizer que lamento o mal que fiz. Agora vou embora para enforcar-me; isto é tudo". Apressou-se a partir. O velho prisioneiro disse então: "Durante todos estes anos nunca fiquei tão triste como hoje por não poder mexer meus braços. Gostaria de poder estendê-los para abraçar o senhor. Durante anos, orei pelo senhor cada dia. Amo-o de todo o meu coração. O senhor está perdoado".[6]

Palavras do velho cardeal Koliqi, da Albânia, ao sair após 35 anos de prisão e de campos de trabalho forçado. Em seus braços e pernas estão as marcas de atrozes torturas. Mas, em seu rosto, nenhuma sombra de amargura, de rancor. Ele me confessa: "Quando encontro na rua aqueles que me torturaram, dirijo a eles o meu mais belo sorriso. Agradeço a eles por me terem feito mais semelhante a Jesus".

Joan Barbus, greco-católico da Romênia, ficou 17 anos na prisão, dos quais 7 em isolamento absolutamente total (só duas criaturas foram vistas uma vez: dois sorrisos): "O que me fez agüentar foi a oração. Fé e caridade fazem essa diferença entre aqueles que perdoam e os que não perdoam". Numa prisão, ele divide a cela com um assassino. "Você sabe. Em romeno, perdão vem da palavra 'libertar'. O perdão é um sentimento extraordinário, que dá a liberdade plena. Quem não perdoa não pode ser livre."

Perdoa a nós todos
Bendize todos nós
os ladrões e os samaritanos
os que caem no caminho

---

[6] R. Wurmbrandt, *Voix des martyrs*, Médiaspaul.

e os sacerdotes que passam sem parar
todos os nossos próximos
os carrascos e as vítimas
os que maldizem e os que são malditos
os que se revoltam contra ti
e os que se prostram diante do teu amor
Toma todos nós
em ti
Pai santo e justo.[7]

b) Em situação de guerra e de genocídio

Mártires do nazismo

O perdão concedido aos perseguidores foi um dos testemunhos mais eloqüentes. O bem-aventurado Kazimierz Grelewski, polonês, foi enforcado em Dachau aos 9 de janeiro de 1942. Antes de subir ao cadafalso, gritou aos seus carrascos: "Amai o Senhor". Uma testemunha contou que um dia um oficial bateu nele e o empurrou. O padre Kazimierz levantou-se, fez o sinal da cruz diante do que havia batido nele e disse: "Que Deus te perdoe". Ao ouvir essas palavras, o oficial precipitou-se sobre Kazimierz, cobriu-o com

[7] Oração do Gulag em *La prière des chrétiens de Russie*, Michel Evdokimov, CLD, 1988 (esgotado).

golpes de cassetete gritando: "Vou te despachar já para o teu Deus!".

A história de Maiti Girtanner.[8] Aos 12 anos, pianista virtuose, durante a guerra, ela toca para os oficiais nazistas, ao mesmo tempo em que trabalha ativamente na resistência. Presa, foi torturada quase até a morte por um médico. Entre as sessões, ela ora com seus companheiros para não cair no desespero. Depois de 8 anos no hospital, ela guarda para sempre dores nervosas intoleráveis. "Descobri que Jesus se unia a mim quase fisicamente no centro da minha dor. Bem cedo, desejei perdoar Leo. Durante 40 anos, orei muito por ele." Muitas vezes ela pergunta: "Quem vai cuidar da saúde de Leo, desse homem que não era mais um homem?". Em 1984, um telefonema; Leo diz: "Vou morrer dentro de três meses. Tenho um medo horrível. Você pode vir me ver?".

Os dois estão frente a frente. "Isto é obra tua", diz ela, imobilizada na cama pela dor. "Mas você é apenas amor o tempo todo que te resta a viver. Procura no fundo de você mesma o lugar em que permitiste Deus em ti, pois ele habita em suas criaturas mais tenebrosas". Ela abraçou a cabeça dele. E ele: "Perdão!".

---

[8] Em *Famille Chrétienne*, 25 de março de 1999. Quando ela deu o testemunho à televisão, o animador, Jean-Marie Cavada, ficou estupefato e comovido.

Ela concluiu: "O perdão é como o piano, é tocado a quatro mãos".

Restituta Kafka:[9] "Não penses que eu choro porque devo morrer. Choro de alegria porque podes viver... Para Cristo vivi, para Cristo quero morrer e morrerei. Eu vos peço que não guardeis nenhum rancor contra ninguém, mas perdoai a todos do fundo do coração, como faço a mim mesma".

General Gleinninger: após o massacre de Oradour, perturbado, ele vai ao prefeito pedir o seu perdão em nome de seu povo. Algumas horas mais tarde, furiosos, os SS o liqüidam. Ele era cristão.[10]

E as viúvas alemãs cujos maridos oficiais tinham tombado na derrocada final. Logo após a guerra, tendo também passado pelos seus horrores, tomaram as suas alianças e fundiram-nas para fazer um cálice de

---

9 Religiosa checa decapitada em Viena por se recusar a tirar os crucifixos de seu hospital. Ao beatificá-la, João Paulo II lhe deu mais um nome: "Resoluta".

10 Numa reunião em Paray le Monial, uma mulher estava visceralmente indisposta pelos cantos em alemão (seu marido fora morto num campo nazista). Aconteceu de ela confessar-se com um padre alemão que estava bloqueado em seu louvor por ressentimentos inconscientes contra os franceses, dos quais fora prisioneiro. Os dois se curaram, um e outro, através do mistério do mesmo sacramento, tanto dado como recebido.

ouro. Foram em peregrinação a Lourdes para dá-lo ao bispo de Limoges, a fim de que ele oferecesse a Oradour, nesse cálice, o Sangue do Inocente por excelência, único capaz de remir a efusão do sangue inocente.[11]

Na libertação do campo de Auschwitz, foi encontrado rabiscado num papel de embrulho esta oração escrita por um judeu deportado:

> Senhor, quando voltares
> na tua glória, não te lembres
> somente dos homens de boa vontade.
> Lembra-te igualmente
> dos homens de má vontade.
> Mas não te lembres de sua crueldade,
> de suas sevícias, de sua violência.

---

[11] Um capuchinho alsaciano em Lourdes não conseguia dormir e foi à gruta. Uns quarenta homens, sabendo que ele falava alemão, o cercaram: "O senhor pode nos confessar?". "São cinco horas, não dá para esperar?" "Não, porque nosso ônibus vem buscar-nos às sete horas." Eles se apresentam: são antigos SS e "fizeram" os campos de concentração. Tinham fundado uma associação e tinham vindo apenas como turistas. "Diante da gruta, recuperaram a consciência. Seguiu-se uma agonia da alma... Para poder respirar, eles se confessam. A metamorfose foi extraordinária: esses rostos duros estavam iluminados por uma alegria indizível. Estava claro que a Virgem me tinha levado a esse lugar pela mão, porque eu falava alemão."

Lembra-te aqui
da paciência de uns, da coragem dos outros,
da camaradagem,
da grandeza de alma que eles
revelaram em nós.
E faze, Senhor,
que os frutos que produzimos,
graças a eles,
tenham um dia a sua plena redenção.

No Líbano[12]

Penso na mãe de dois jovens que acabam de ser fuzilados em Aley. No dia seguinte aos funerais, ela dá a volta pela aldeia: "Eu perdôo! E perdão por não ter sido digna, durante o enterro, do que Cristo nos pede!".

Em Deir-el-Salib (mosteiro da Cruz), o imenso hospital psiquiátrico que domina Beirute, o jovem presidente Bachir Gemayel improvisou o que deveria ser o seu testamento, três horas antes de ser assassinado, em 14 de setembro de 1982: "Sofremos a sorte dos primeiros cristãos de Roma... Mas queremos perdoar!".

Tracy Chamoun, cujo pai fora assassinado no Líbano em 1990, diz: "Chega-se a um ponto em que

---

[12] Ver meu: *Au fond de l'enfer, le ciel ouvert*, Saint-Paul, 1982.

se vai além do perdão, quando se compreendem os mecanismos que levaram as pessoas a fazerem isso. Posso pedir perdão e, se me pedirem perdão, posso perdoar. Não me pediram nada... Hoje sei simplesmente que posso viver sem rancor, sem ser devorada pelo ódio. Não abdico, mas adquiri uma dimensão das coisas".

Roger Auque, jornalista preso como refém em Beirute: "Desde o primeiro dia de detenção, encontrei-me de joelhos sem saber rezar... A menor das coisas é perdoar. É uma ação de graças...".

Nina (15 anos): "Os cânticos nas igrejas estão destruídos pelo som das bombas. As boas-novas são substituídas pelas da morte, da maldade. Mas resta-nos uma só voz que nunca perecerá. Esta única voz crescerá no fundo de nós. Ela nos protege do mal e do suicídio. É a voz do Senhor, do perdão e do amor".

Ghasibé Kayrouz (24 anos): "Tenho só um pedido a fazer: perdoai de todo o vosso coração aqueles que me mataram, pedi comigo que meu sangue, mesmo sendo o de um pecador, sirva de resgate (*fidya*) pelo pecado do Líbano; que ele seja misturado ao de todas as vítimas... de todos os lados, de todas as confissões religiosas, oferecido como preço da paz, do amor e do entendimento... Peço perdão a todos, pois sou pecador diante de todos".

Em Ruanda

Jean-Marie e Stéphanie Twambazebungu (literalmente: "rezamos a Deus"): "Decidimos rezar para chegar a conceder antecipadamente o perdão àqueles que nos matariam. Quando consegui rezar pelos assassinos e aceitar a morte que Deus escolheria para mim, recebi a paz e a alegria do coração. O medo estava vencido". Com o fuzil na têmpora, diante da vala: "Renovei minha decisão de perdoar", comecei a *sorrir*. Meu assassino, com o dedo no gatilho: "Por que não tens medo?". "Quando se ora não se tem medo". "Qual é tua oração?". "Rezo pela Paz".[13]

Sim, experimentamos que o perdão é um poder que liberta. Mas é preciso dá-lo de novo a cada dia, e a reconciliação é vivida no dia-a-dia.[14]

---

[13] "O perdão é a escolha da vida. Prefiro o futuro ao passado. O perdão é um excesso de amor que responde a um excesso de mal. É dizer ao outro: vales mais que tua ofensa" (P. Juvenal Tutumbu, conseguiu escapar). Ele pregava um retiro para moças sobre "O irmão livrará seu irmão...". No dia seguinte, 7 de abril, todas elas foram mortas!

[14] É preciso mencionar o pedido de perdão dos países que foram mais ou menos cúmplices em Ruanda, mesmo que tenha sido apenas por covardia. Koffi Annan pediu perdão em nome da ONU por sua omissão. O primeiro ministro belga o fez em nome da Bélgica (7 de abril de 1990). Sempre se espera o da França, por sua secreta conivência com os responsáveis pelo genocídio.

Mons. Louis Gasorè, meu pai espiritual, ao seu matador: "Quero abençoar a ti e a tua família antes de me matares. Eu o faço com a arma que tenho, a água benta. Suas últimas palavras: Glória a ti, Senhor!" Acabava de batizar um filho.

Pessoalmente, fui testemunha de perdões extraordinários. Daphrosa (25 anos) viu e ouviu o assassinato de seus pais. Desde então, ela cruza regularmente com os assassinos no seu bairro, mas renunciou a denunciá-los. Pois é arriscado; se souberem que ela sabe, podem ainda liquidá-la discretamente, como testemunha incômoda. Mas ela reza e jejua para que eles não vão para o inferno, eles que fizeram o inferno na terra. Ela os quer no céu. Não sua condenação, mas sua santificação. Ela não conhece Teresa de Lisieux, mas como Teresa com seu assassino Pranzini, ela os gera para a vida de Deus. Pequena mãe espiritual com 14 anos.

Hoje grupos de jovens percorrem as colinas, de paróquia em paróquia, para exortar as multidões ao perdão. Após a exortação de um jovem analfabeto, Emanuel, um homem se adianta: "Eu passava por acaso diante da igreja... Escutei... Aqui está a granada com a qual eu ia matar os assassinos de minha família".

Bassilissa... quando a acompanhei na colina, rezamos nas lixeiras onde foram jogados seus queridos pais. Uma vizinha lhe devolveu algumas roupas de sua mãe. E ela deu o mais belo sorriso a essas vizinhas que tinham sangue nas mãos:

> Quando encontrei o crânio de papai, eu não estava revoltada, compreendi que tinha de fato perdoado... e acrescentei, com voz suave: "Jesus tinha razão ao dizer: Eles não sabem o que fazem". Eu perdi meus pais, mas outros nunca tiveram pais. Então, partilhamos a sua cruz. Tornei-me órfã com eles. Nossos pais nos foram dados gratuitamente, então, por que lamentar? Deus permitiu isso para que eu possa agora falar do perdão, tendo-o vivenciado. Digo à comunidade: não tenhais medo, perdoei tudo. Não ganharei nada se fordes condenados, mas tenho tudo a ganhar se vos converterdes.

Mas os perdões mais fortes são os atos heróicos de caridade. As famílias que adotam os órfãos daqueles mesmos que massacraram os seus! Mulheres que alimentam o assassino de sua família na prisão. Os detentos que querem pedir perdão às famílias daqueles a quem mataram.

Na América Latina e Argélia

Nas prisões de Fidel Castro, estava um pregador protestante que todo mundo chamava de "irmão crente". No dia do massacre da prisão de Boniato, ele se interpôs entre seus irmãos e as rajadas de metralhadoras. Ele cai sob uma salva de tiros repetindo: "Pai, perdoai!". E Armando Valladarés atestou: "Para Deus nada é impossível. E de repente, nada o é também para aqueles que o amam e o buscam. Quanto mais feroz era o ódio de meus carcereiros, mais meu coração se enchia de amor e de confiança, que me dava força de suportar tudo".

Jorge Valls, na sua masmorra de Cuba: "Durante o pai-nosso alguns gritavam: 'Como você pode dizer semelhante coisa?' Mas nós não queríamos tornar-nos como animais, como os guardas. Nós os considerávamos como seres humanos. Devíamos ser humanos por dois, por eles e por nós!".

Todos conhecem o admirável testamento de *Irmão Cristiano*, trapista de Tibhirine.

> E tu, meu irmão do último instante, que provavelmente não sabes o que estás a fazer, mesmo a ti quero dizer: Obrigado e Adeus, na Face de quem te contempla. E que nos seja dado encontrar-nos de novo, bons ladrões cumulados de alegria, no paraíso, se for do agrado de Deus nosso Pai para nós dois.

Finalmente, eis nosso João Paulo II, que misturou o seu sangue com o dos mártires do comunismo.[15] Quem pode esquecer aquele encontro comovente com o jovem Ali Agca, que, telecomandado e pago, atirou cinco balas no corpo do papa? Depois de sua saída da clínica, ele vai abraçá-lo na prisão de Rebibbia, chamando-o de "irmão".

> Aquele que morreu na cruz por seus algozes transforma meu inimigo em irmão para quem vai meu amor, mesmo se eu me precavejo contra ele (João Paulo II, Viena, 10 de setembro de 1983).

Sim, de uma multidão inumerável de mártires, a última palavra foi a de seu Mestre, Jesus: "Pai, perdoa!".

A dimensão política da reconciliação

"O perdão é uma necessidade política" (Presidente Amine Gemayel), porque o "pecado original tem uma dimensão política" (Arquiduque Oto de Habsburgo). De fato, entre povos e etnias em conflito, a única solução para sair da engrenagem infernal das represálias, para quebrar o círculo vicioso da vingança, para parar a espiral da violência, é a reconciliação, fruto de um longo processo de maturação nacional.

---

[15] Em Fátima, as crianças viram o papa morto no meio de uma multidão de outros mártires: os do comunismo. Lúcia revelou isso em 2000.

E aqui, os responsáveis políticos têm um papel decisivo a desempenhar.

João Paulo II, em 1º de janeiro de 2002, disse: "Não há paz sem justiça, não há justiça sem perdão".

No octogésimo sétimo Katholikentag em Düsseldorf (5 de setembro de 1982), Mons. Lustiger declarou:

> Sim, devo falar do perdão e da conversão do coração. O perdão, o perdão de quem? Que perdão o homem pode dar? Nós, que ainda estamos vivos, temos o poder de fazer com que aquilo que foi feito deixe de ser? Nenhum homem tem o poder de apagar o que foi feito. Não existe reparação humana possível. Pois se as leis humanas fazem herdeiro os mortos, não se herda a morte.
>
> O perdão humano é, quando muito, apenas uma lei de anistia. Consiste em fazer como se os atos cometidos não tivessem ocorrido, "como se" nada tivesse sido. Consiste finalmente, numa forma de esquecimento. Esquecimento quer dizer desprezo, pois deixa para aquele que pecou contra Deus e contra os homens o peso da sua falta, na sua solidão, deixa para aqueles que têm memória do mal a dor do irreparável.
>
> De fato, o que o homem pode fazer de melhor é esquecer. Mas ao esquecer o algoz se esquece também da vítima, sobretudo se ela está morta, e mesmo se a vítima pôde, antes de morrer, perdoar o algoz, ela

perdoou o algoz do mal que ela sentiu, a vítima lavou o coração dele de todo ódio, mas a vítima não pode livrar a consciência do carrasco do mal que ele fez. Por si só, o homem não pode perdoar o pecado de outro homem. Lá está a profundeza do mal e o fato de ser irreparável. Devolve-se um objeto, repara-se uma casa, devolve-se uma soma de dinheiro... não se devolve uma vida, não se pode apagar o remorso nem devolver a inocência. O perdão não está ao alcance do homem, pois só Deus pode perdoar.

O perdão verdadeiro não pode ser outra coisa senão a ressurreição dos mortos.

Tenho um pensamento secreto para confiar a vós: Talvez ele seja para vós um consolo e uma esperança. É este: oitenta por cento do sofrimento das vítimas, da morte das vítimas, fazem parte dos sofrimentos do Messias. Eles são recolhidos na taça de Deus como os choros de seus filhos e pelo seu Messias. Deus faz deles uma água lustral. É permitido pensar, no segredo de Deus, que ao receber o perdão que o Crucificado dá, as vítimas inumeráveis, a quem ele se uniu pela sua Paixão, estão unidas a ele pelo perdão que ele concede.[16]

---

[16] É preciso lembrar também os pedidos oficiais e públicos de perdão entre nações. Após o drama do nazismo, o chanceler alemão Herzog pede perdão ao povo polonês no monumento às vítimas do nazismo em Varsóvia. Como também ao povo judeu, no museu da Shoah. Como a Lech Walesa, assim a Yad Vashem. O presidente francês, Chirac, dirigiu-se aos judeus em julho de 1995 a propósito da conivência do governo francês da época: "Essas

Sim, graças ao perdão, os muros desabam! Todas as barreiras do mundo entre famílias, vizinhos, Igrejas e nações podem ser dinamitadas.[17]

O perdão é o ápice da paz

A paz não é possível sem reconciliação.

Em 1º de maio de 2004, a Europa unida restabeleceu o seu coração, na acolhida mútua entre países do Ocidente e oito países (na expectativa de outros) escapados do bloco soviético. Por um lado, é a primeira vez na história que um império ditatorial e colonial desaba por implosão, sem derramamento de sangue. Por outro lado, que um novo império político e econômico

---

horas negras sujaram para sempre nossa história e são a injúria ao nosso passado e às nossas tradições. Certamente, existe uma falta coletiva, é indiscutível. Reconhecer as faltas do passado, não ocultar nada das horas escuras de nossa história é simplesmente defender a idéia do homem, da sua liberdade, da sua dignidade. É lutar contra todas as forças obscuras sem cessar em ação". Se França e Alemanha, depois de três guerras sucessivas, puderam tornar-se irmãs, é graças a esses grandes cristãos que foram De Gaulle, Maurice Schumann, Conrad Adenauer e graças àqueles perdões sem número conhecidos apenas por Deus.

[17] Entre Igrejas, ver *L'Église, ô ma joie!*, 2003, p. 79s. Continuaremos esta dimensão horizontal no volume seguinte: o perdão em sociedade, em comunidade, em família e, particularmente, o perdão dos condenados e detentos (às vezes inocentes) aos seus juízes e carcereiros.

é construído sem guerra e sem invasão, unicamente por consenso democrático e diplomático. Mas isso só pôde realizar-se graças aos perdões nacionalmente dados. Exatamente os países do centro-leste deram um testemunho comovente, diante do mundo, de um perdão globalmente dado aos seus opressores e perseguidores de ontem. É tanto mais notável porque estes nunca pediram publicamente perdão por seus crimes militares ou de Estado contra esses países. A sua libertação tornou-se uma não-violência exemplar (foi o sonho de Ghandi) sem vinganças, nem represálias.

Quanto ao conjunto da União Européia, ela construiu-se pouco a pouco graças às reconciliações feitas, por toda parte onde havia um conflito secular ou latente (entre Alemanha e todos os vizinhos, húngaros e romenos, de um lado, eslovacos do outro, austríacos e eslovenos ou italianos etc.).

Prova esplêndida dos frutos da paz que todo perdão traz.

Esta misericórdia é vida e alegria que engendra filhos da luz desde a madrugada de Páscoa até a aurora do mundo novo.

> "Bendito seja o Deus e Pai de nosso Senhor Jesus Cristo, que, em sua grande misericórdia, nos gerou de novo para uma viva esperança, pela ressurreição de Jesus Cristo dos mortos, para uma herança que não

se corrompe, é sem mancha e não murcha, reservada nos céus para vós. Em vista da fé sois guardados pelo poder de Deus para a salvação, prestes a manifestar-se nos últimos tempos. [Pois] vós sois a geração escolhida, sacerdócio régio, nação santa, povo que ele conquistou para proclamar os grandes feitos daquele que vos chamou das trevas para a sua luz admirável. Vós outrora não éreis povo, agora sois povo de Deus. Não havíeis alcançado misericórdia, mas agora conseguistes misericórdia." (1Pd 1,3-5.2,9-10)

Começado em Tabgha, perto de Mágdala,
Quaresma de 2002, e terminado em Abidjan,
no dia 14 de março de 2004, quarto domingo da
Quaresma, festa da Samaritana.
Provas corrigidas em Roman, na Moldávia,
aos 19 de maio, na festa da Ascensão.

*

"Deus, que é rico em misericórdia, pelo grande amor
com que nos amou, e estando nós mortos para os nossos
pecados, deu-nos a vida por Cristo.
Pela graça é que fostes salvos!
Como ele nos ressuscitou e nos sentou nos céus,
em Cristo Jesus!"

(Ef 2,4-6)

Bibliografia

Daniel-Ange. *Baume est ton nom*. reed. Sarment, 2004.

________. *Pour aimer, lutte et pardonne*. Cerf, 1996. Coleção Écoute les témoins.

Guilloteau, A. M. Les chemins du pardon, *Famille Chrétienne*. nn. 1299 e 1300. *Catecismo da Igreja Católica* (CIC), 1420-1498.

Hatzakortzian, S. *Le pardon, une puissance qui libère*. Compassion, 1980.

João Paulo II. Encíclica *Dives et misericordia*.

________. Exortação apostólica *Reconciliatio et Paenitentia*.

Laffite, Jean. *L'offense désarmée*. Moustier, 1991.

Marin, Jacques. *Le Miracle de l'amour*. Béatitudes, 1995.

Menthière, Guillaume de. *Le sacrement de Réconciliation*. Guide du pénitent, Téqui, 2001.

Monbourquette, Jean. *Comment pardonner*. Bayard, 2002.

Pacot, Simone. *L'évangélisation des profondeurs*. Cerf.

Ruffray, Olivier. *Célébrer la réconciliation*. Béatitudes, 1999.

Samson, Yvon. *Le pardon*. Évangélisation 2000, 1996.

Scanlan, Michael. *Puissance de l'Esprit dans le sacrement de Pénitence*, Pneumathèque, 1977.

Solemne, Marie de. *Innocente culpabilité*. Devry, 1998.

Sonnet, Denis. *La culpabilité*. Ed. Chalet.

CADASTRE-SE

www.paulinas.org.br

para receber informações sobre nossas novidades na sua área de interesse:

• Adolescentes e Jovens • Bíblia
• Biografias • Catequese
• Ciências da religião • Comunicação
• Espiritualidade • Educação • Ética
• Família • História da Igreja e Liturgia
• Mariologia • Mensagens • Psicologia
• Recursos Pedagógicos • Sociologia e Teologia.

Telemarketing 0800 7010081

Impresso na gráfica da
Pia Sociedade Filhas de São Paulo
Via Raposo Tavares, km 19,145
05577-300 - São Paulo, SP - Brasil - 2007